우리 앞에 생이 끝나갈 때 꼭 해야 하는 이야기들

우리 앞에 생이 끝나갈 때 꼭 해야 하는 이야기들

안젤로 E. 볼란데스 지음 | **박재영·고주미** 옮김

청년의사

THE CONVERSATION: A REVOLUTIONAY PLAN FOR END-OF-LIFE CARE

가장 암울한 시기에,
극심한 고통과 괴로움 속에서,
그리고 질병과 아픔으로 인한 끝 모를 수모의 와중에서
저에게 진료를 의뢰한 모든 환자분들께

인간의 회복력이 얼마나 높고 깊은지 가르쳐주셔서 감사합니다

ἀσκειν,
περὶ τὰ νοσήματα,
δύο, ὠφελειν, ἢ μὴ βλάπτειν

질병을 다룰 때는 다음 두 가지를 위해 혼신의 노력을 다하라
환자가 나아지게 하거나, 해를 끼치지 않거나

– 히포크라테스, 《에피데믹스》 제1권

차례

일러두기

1. 역주(*)는 각주 처리했습니다.
2. 책의 제목은 《 》로 표시하고, 신문·잡지·방송·영화 등의 제목은 〈 〉로 표시했습니다.
3. 정확한 의미 전달을 위해 필요한 경우 한문이나 영어를 병기했습니다.
4. 문맥상 저자가 강조한 부분은 ' ', 인용한 부분은 " "로 표시했습니다.
5. 흔히 쓰이는 보건의료 분야의 용어들 일부에 대해서는 띄어쓰기 원칙을 엄격하게 적용하지 않았습니다.

독자에게 드리는 말

이 책에 나오는 모든 의료적 서술은 실제 사건과 환자를 기반으로 하고 있습니다. 환자의 정보 보호를 위해 (제 아버지의 경우를 제외하고는) 환자의 이름, 날짜 및 식별 가능한 세부 내역 그리고 병원과 의료진 등은 수정했음을 알려 드립니다. 본문에 나오는 환자 인용문의 경우, 환자와의 대화를 기억에 의존해서 쓴 것임을 밝힙니다. 이 책에 소개된 환자의 대화나 그 밖에 언급 사항을 기록하기 위해 어떤 녹음 장치도 사용하지 않았습니다.

Introduction

들어가는 말

오늘날의 죽음에 관하여

그날은 찬바람이 몰아치는 3월의 이른 새벽이었다. 나는 당일 환자 리스트를 검토하기 전에 잠시 병원 커피숍에서 팀원들과 함께 뜨거운 커피를 마시려던 참이었다. 미처 한 모금을 채 마시기도 전에 별안간 복도의 스피커가 요란하게 울리기 시작했다.

"코드 블루, 그린버그 5동! 코드 블루, 그린버그 5동!"

그린버그 5동은 병원 내 우리 담당 구역이다. 우리는 바로 옆의 엘리베이터 대신 (너무 느리니까!) 계단으로 정신없이 뛰어 올라갔다. 일분일초라도 지체하면 치명적인 결과를 낳을 수 있기 때문이다.

내가 어린 시절 여름방학을 보내던 고향 그리스의 평온한 지중해 색이 블루이건만, 병원에서의 코드 블루는 불길함의 상징이다. 코드 블루에서의 블루란, 환자의 생명유지에 필수적인 혈액과 그 속의 산소가 심장과 뇌에 공급되지 못해서 환자의 안색이 파란색으로 변할 때를 가리킨다. 산소가 공급되지 않는 일 초마다 환자가 죽음에 더 가까이 다가간다고 보아야 한다.

의료 팀의 책임자로서, 내 역할은 레지던트들이 좋은 의사가 되게끔 가르치는 것이다. 병원에서의 코드는, 모든 의사들과 환자들, 특히 말기 환자들이 거쳐야만 하는 통과의례라 할 수 있다. 이번에 울린 코드가 릴리안 바다키안 환자의 것이 아닐까 생각했던 나의 예감은 적중했다. 32세의 릴리안은 아이 셋의 엄마로 암이 광범위하게 전이된 유방암 환자다. 유방절제술도 방사선치료도 수차례의 화학요법도 소용이 없는 케이스다. 쉽게 말해서, 의사와 간호사의 기술과 노력으로 코드블루에서는 벗어날지 모르지만, 릴리안은 길어야 몇 주밖에 살 수 없는 상태다.

우리는 마침내 5층에 도착했고, 나는 가쁜 숨을 고르며 정신을 가다듬으려 애썼다. 이제 40대 초반인 나는, 대부분 내 나이의 절반 정도밖에 안 되는 레지던트들과 호흡을 맞추려 노력 중이었다. 릴리안의 병실 밖 복도에서는 남편 라피가 안절부절못하며 기다리고 있었다. 병실에 들어서자 벽에 붙인 사진 한 장이 얼핏 눈에 들어왔다. 한결 건강한 모습의 릴리안이 활짝 웃는 남자아이 셋을 남편과 함께 끌어안고 있는 사진이었다. 아마도 크리스마스 즈음인지 온 식구가 빨간 산타 모자를 쓰고 있었다. 이 가족의 행복했던 시기를 증명해주는 사진에서 시선을 거두고 릴리안의 심장모니터와 병상 주변의 간호사들에게 집중했다.

의료진이 이미 심폐소생술을 시작한 상태였다. 그중 건장한 남자 간호사가 릴리안의 몸 위로 힘을 주며 흉부 압박을 실시하고 있었다. "하나, 둘, 셋…." 그가 숫자를 세는 동안, 그의 이마에 구슬 같은 땀방울이 송골송골 맺히기 시작했다. 다른 간호사는 초록색 앰부백을 펌프질해서 릴리안의 폐 안으로 공기를 주입하고 있었다. 병상의 발치에 서 있던 젊은 의사에게 코드를 진행하라고 시켰다.

“흉부 압박 계속 진행합니다.” 레지던트가 말했다. “그리고 기도를 확보합니다. 브이핍 어레스트*가 올 경우에 대비해서 심장모니터와 패드 준비해주세요. 페리페랄 아이브이** 2개, C-라인 키트*** 확보해두시고요. 에피**** 지금 바로 투여해주세요.” 여자 레지던트는 한 치의 오차도 없이 배운 대로 정확하게 이 모든 오더를 내렸다. 그녀 옆에 서서, 내가 그 역할을 하던 때가 떠올랐다. 조만간 그녀가 팀의 책임자로서 다른 레지던트들을 가르치는 날이 올 것이다. 의학의 역사만큼 오래된 이 같은 반복적인 멘토링의 사이클이야말로, 의술의 최대 무기다.

내가 릴리안을 처음 만난 것은 불과 하루 전이었다. 말 그대로 통계학적으로도 향후 몇 주 이상 버티기 힘들 것이 분명해 보이는 릴리안은 극심한 고통으로 힘들어했다. 그럼에도 그녀는 자신이 선택할 수 있는 의료적 처치를 검토한 결과, 가능한 모든 처치를 받기를 희망한다는 의사를 분명히 밝혔다. 마지막 부활절을 남편과 아이들과 함께 보내는 것이 최대의 목표였다. 한 달 뒤가 부활절이었지만, 그 한 달이 현재로서는 너무도 요원해 보였다. 릴리안과 대화를 나누는 중에도 내 가슴 저 깊은 곳에서는 릴리안의 마지막 소망이 불가능한 것임을 이미 알고 있었다. 이제, 내가 우려했던 것보다도 빨리, 그녀의 때 이른 죽음을 지켜봐야 하는 상황이었다. 릴리안의 어머니, 외할머니, 증조할머니 또한 모두 유방암으로 목숨을 잃었다. 코드 블루가 조직적으로 진행되는 긴장된 상황 속에서, 병상 옆을 지키던 나는 릴리안이 점차 멀어져가는 모습을 속수무책으로 바라볼 수밖에 없었다. 동시에 내가 오늘 이 자리에 서기까지 나 자신의 여정도 생각하지 않을 수 없었다.

---

* V-fib arrest(Ventricular fibrillation arrest). 심장이 제대로 수축하지 못해 혈액을 전신으로 보내지 못하는 현상으로 심정지를 의미.

** peripheral IV. 말초혈관에 삽입하는 정맥주사.

*** c-line kit(central line kit). 중심정맥에 삽입하는 관.

**** epinephrine. 심장박동 수를 증가시키고 혈관을 수축시키는 약물.

이 책은 21세기 미국 사회에서의 죽음을 집중적으로 다루고 있지만 이 책의 진정한 주제는 삶이다. 잘 살아온 삶에는 좋은 마무리가 따라야 하기 때문이다. 삶의 마지막 남은 몇 달을 어디서 어떻게 보내고 싶은가에 대한 질문에, 미국인의 80%는 가족과 친구들과 함께 집에서 보내고 싶다고 응답한다. 병원이나 요양원의 제도적인 틀에서 벗어나 상대적으로 좀 더 편안하고 싶기 때문이다. 그러나 65세 이상의 미국인 중 집에서 임종을 맞이하는 비율은 24%에 그친다. 63%가 병원이나 요양원에서, 각종 기계 장치에 둘러싸여, 대부분의 경우는 고통 속에서 죽음을 맞이한다. 사람들이 삶의 마지막에 원하는 의료적인 처치와 실제 받고 있는 것과의 차이가 발생하는 이유는 여러 가지다. 이 중에는 병원 고유의 문화, 의료비 문제와 각종 법적인 현안들이 차지하는 비중이 크다. 하지만 무엇보다도 가장 큰 이유로 꼽을 수 있는 것은 바로 환자들이 삶의 마지막을 어떻게 보내고 싶은지 미리 확인을 하지 않는 의사들의 문제다. 이는 오늘날 미국 의료계가 직면하는 가장 큰 문제 중 하나다.

미국의 최상급 병원들은 신기술 투자에 수십 억 달러를 쏟아붓지만, 오늘날의 의료에서 가장 중요하다고 꼽을 만한 의료적 개입 행위는 기술과 장비를 거의 필요로 하지 않는다. 죽음에 가까워지고 있는 환자들과의 시의적절하고 폭넓은 대화, 이것이 전부이기 때문이다. 죽음에 관해 속 터놓고 하는 솔직한 대화가 없을 경우, 환자는 불필요한 고강도의 의료적 처치를 겪게 된다. 환자가 겪어야만 하는 과도하게 의료화된 죽음의 과정을 고스란히 목격해야 하는 가족들 또한 정서적인 상처를 입게 된다. 나 또한, 때로는 환자 및 그 가족들과 솔직한 대화를 하지 못했음을 고백해야겠다. 호스피탈리스트(입원 환자의 처치를 전문으로 하는 의사를 의미함)로서, 미국에서 해마다 일어나는 250만여 명의 죽음 가운데 극히 일부를 직접 목격할 때마다 나는 이 점을 되새기게 된다.

21세기를 사는 오늘 현재, 사람들은 말 그대로 죽음에 대해 무지하다. 50년 전, 대부분의 사람들은 집에서 사랑하는 가족과 친지들에 둘러싸여 임종을 맞이하곤 했다. 오늘날 대부분의 죽음은 의료현장에서 모르는 이들에 둘러싸인 채 진행된다. 집 안에서 치르는 자연스런 현상이었던 죽음이 집 밖의 의료현장에서 의료화된 사건으로 자리바꿈하면서 처참한 결과를 낳았다. 일반인들은 오늘날 죽음을 둘러싸고 벌어지는 대대적인 의료행위에 대해 상상하기 어렵다. 대부분의 죽음은 가족들의 시선이 닿지 않는, 병원의 높은 벽 뒤에서 일어나기 때문이다. 또한 TV와 영화 등을 통해서 쉽게 접하는 긴박한 심폐소생술이나 그 밖의 의료행위는 실제로 일반인들에게 삶의 마지막 시기에 병원 안에서 어떤 의료행위가 이루어지는지 정확한 정보를 주지 못한다. 삶의 마지막에 이른 말기 환자들에게 가해지는 대부분의 의료행위의 실체에 대해 환자와 가족들이 더욱 정확히 이해한다면, 아마도 대부분 사양할 것이다. 환자에게 줄 수 있는 도움이 실제로 어느 정도인지, 환자의 마지막 시기에 혹시 고통만 연장시키는 것이 아닌지 충분히 헤아려보지 않고 최신의, 최고의 의료적 개입을 선택한다면, 그 결과는 참담할 따름이다. 수많은 이들이 신체의 모든 구멍에 튜브나 관을 꽂고, 심폐소생술로 인해 갈비뼈에 골절이 발생하며, 폐에는 구멍이 뚫린 채 모르는 사람들에 둘러싸여 이 세상에서의 마지막 순간을 보낸다.

하이테크 의료시대를 살아가는 오늘날의 사람들은 최첨단 장비의 발전과 기적 같은 의학기술을 당연하게 받아들이게 됐다. 그러나 기술의 진보는 삶과 죽음의 경계를 한층 더 흐려 놓아, 환자를 혼돈스럽게 만들었을 뿐만 아니라, 무엇을 목표로 해야 할지도 불분명해졌다.

물론 치료가 가능하고 예후가 분명한 질병의 경우, 힘든 처치일지라도 극심한 고통과 괴로움을 감수할 만하고, 그 결과로 수백만 명이 목숨을 구하기도 한다. 혜택이 클수록 사람들은 신체적 통증과 괴로움을 기꺼이 감수하고자 한다. 예를 들어 트리플 바이패스*를 보자. 이는 가슴뼈를 톱으로 절단해서 오픈하는 것을 전제로 하고, 시술 이후 수 개월 동안 고강도의 물리치료를 수반한다. 골수 생검은 또 어떤가. 손바닥 길이의 두꺼운 바늘을 엉덩이뼈 속으로 고정시킨 뒤 골수를 추출하는 검사다. 환자들이 이 같은 처치를 기꺼이 감수하는 이유는 그 결과가 분명하기 때문이다. 달리 말해서, 이 같은 처치들로 인해 이득을 볼 확률이 분명하기 때문에 이로 인한 고통을 감내하는 것이다. 그러나 말기 환자의 경우, 득실의 계산이 어려워진다. 말기 환자에게는 의료적 처치로 인한 신체적 부담은 큰 반면 혜택은 적기 때문이다.

중병으로 인해 삶의 말기로 향하는 환자가 내려야 하는 수많은 결정은 혼란스럽기 짝이 없고 때로는 아찔하기까지 하다. 그런데 이 같은 결정들이야말로 현대사회의 죽음에 있어서 가장 핵심적인 부분이라 할 수 있다. 이 시기의 환자들이 가장 필요로 하는 것은 최신 의료기술이 펼쳐 보이는 장밋빛 청사진보다는, 이 암울한 터널을 어떻게 통과해야 할지에 대한 가이드다. 환자들에게 진정으로 필요한 것은, 최신 의료기술에 대해 그 득실을 설명해주고, 그 의료적 처치가 실제로 얼마만큼의 도움을 줄지에 대해 환자와 같이 논의할 수 있는 의사들이다. 오늘날 미국의 의료시스템에는 훌륭한 과학자들이 넘쳐나지만, 환자와의 효과적인 의사소통이나 지지를 담당하는 의사들은 절대적으로 결핍된 상태다.

지난 몇십 년간, 병원 시스템과 복잡다단한 의학적 치료법 사이에서 길잡이 역할을 하는 의사들이 출현하기 시작했다. 이 전문가들은 주로 완화의료 분야에 포진해 있다. 불행히도 이들은 소수에 불과하고, 이 일을 효과적으로 수행하기 위해 지원받는 자원은 턱없이 부족하다.

* triple bypass. 주요 관상동맥 세 개가 모두 막혔을 때 시행하는 삼중혈관우회술.

이 같은 근시안적이고 부족한 재정 지원의 대가는 온전히 환자들이 치러야 한다. 따라서 이 문제를 제대로 취급하기 위해서는 완화의료 의사들뿐만 아니라 다른 모든 의사들 또한 의사소통 능력을 집중적으로 훈련하여, 임종기 케어에 관해 환자들과 적극적으로 대화를 진행할 수 있어야 한다.

이 책은 의료기술의 눈부신 발전이 야기한 부작용 중의 하나가 바로 삶의 마지막 시기에 이뤄지는 공격적인 의료적 처치라는 나의 믿음에서 출발한다. 의학의 가장 오래된 지혜에서 이러한 부작용을 해결하기 위한 첫걸음을 뗄 수 있다. 바로 환자들이 삶의 남은 시간을 어떻게 보내고 싶어 하는지 그들과 직접 대화를 나눠보는 것이다. 의사들이 말기 환자에게 선택 가능한 의료적 대안에 대해 충분히 설명할 수 있도록 의료시스템이 그 비대한 기술 중심의 흐름을 늦출 수 있다면(이는 환자가 원한다면 말기 질환에 소요되는 수많은 의료행위를 포기할 수 있는 선택권을 부여하는 것을 포함한다.), 환자들은 남은 생을 어떻게 보낼지 정확히 결정할 수 있을 것이다.

우리 모두가 미래의 환자로서 각자 고려해보고 가족과 친구들, 그리고 의사들과 논의해야 할 질문 중에는 다음이 포함된다.

- ◆ 나는 삶에서 무엇을 중요하게 여기는가?
- ◆ 내가 즐기는 일이나 활동을 더 이상 할 수 없게 될 경우, 피하고 싶은 의료적 처치가 있는가?
- ◆ 병에 걸리게 되면 두려운 점이 무엇인가? 또는 치료와 관련해 겁나는 것이 무엇인가?
- ◆ 의료적 결정을 내릴 때 지침으로 삼는 특정한 정신적·종교적·철학적·문화적 신념이 있는가?
- ◆ 더 오래 사는 것과 더 높은 삶의 질을 누리는 것 중 하나를 선택해

야 한다면, 무엇을 고르겠는가?

◆ 나의 임종을 어디서 맞이하고 싶은가? 집에서 임종을 맞이하는 것이 나에게 얼마만큼 중요한가?

일부 사람들은 임종기 치료에 대해 별다른 고려 없이 담당 의사 또는 그 밖의 의료진에게 일임한다. 일부는 릴리안 바다키안처럼, 가능한 모든 치료를 받겠다고 선택한다. 그 치료가 매우 극단적이어도, 극심한 고통이 따르거나 또는 실험적이라 해도, 조금이라도 더 오래 버티기 위해, 대형 사고나 부상의 트라우마를 씻어내기 위해, 또는 단지 노환에 따른 기능적 쇠퇴를 지연시키기 위해 그 길을 걷는다. 또 다른 이들은, 생애 말기가 가까워지면 편안하게 지내면서 가족과 친구들을 쉽게 만나고 일종의 공동체 느낌을 보장받을 수 있는 호스피스를 선택한다. 임종기 치료에 관한 이 본질적인 대화의 성공 여부는, 개개인이 어떤 길을 선택했는가가 아니라 환자와 가족들이 얼마나 적극적으로 대화에 참여하고 정확한 정보를 공유하고 있는가에 따라 결정될 것이다. 다시 말해서 이와 같은 대화야말로 환자들이 받고자 하는 임종기 처치의 종류에 상관없이, 환자에게 힘을 실어주는 것이라 하겠다.

이 책에서는 7명의 중환자 사례가 소개된다. 각자 무척 다른 죽음의 길을 걸었다. 이는 전적으로 환자가 의식이 없어지기 전 담당 의사와 대화를 가졌는지 여부에 의해 좌우됐다. 어떤 선택을 할 수 있는지 의사와 대화할 기회를 갖지 못한 이들의 임종기 치료 케이스를 통해 오늘날 미국 의료시스템에 만성적으로 방치된 현장이 드러나고 있다. 이들의 사례는 수많은 미국인들이 병원의 출입이 통제된 곳에서 어떻게 죽음을 맞이하는지 잠시 베일을 열어 보여준 것이라 하겠다.

사전에 환자 자신의 의향을 논의해봄으로써 보다 나은 죽음을 맞이했던 이들의 케이스를 통해서 독자들은 임종기 치료가 당사자의 희망대로 이행되기 위해 필요한 것이 무엇인지를 실제로 보게 될 것이다. 또한 때로는 말만으로는 이 대화를 효과적으로 수행하기 어려운 경우가 있기에, 의료적 처치의 실질적인 모습과 함께 의료기술이 해줄 수 있는 부분과 해줄 수 없는 부분에 대해 더욱 생생한 정보를 주는 최신 영상자료도 소개될 것이다. 의료진과의 대화를 보충해줄 수 있는 영상자료를 환자에게 제공하는 것은 환자에게 힘을 줄 뿐만 아니라, 환자들이 희망하는 죽음을 맞이할 수 있도록 교육의 도구가 되기도 한다.

의사로서 나 또한 불필요하게 죽음의 과정을 연장한 적이 있음을 고백한다. 죽어가는 환자에게 고통과 해害를 끼쳤던 사실은 나 스스로도 인정하기 싫은, 무척이나 무거운 짐이다. 이 같은 사실은 나의 사랑하는 이들의 존재의 유한성이나 언젠가 마주하게 될 나 자신의 죽음을 직시할 때면 무척이나 나를 불안하게 한다. 초창기에는 젊은 의사로서의 나의 의학적 훈련과 경험들이 도리어 인생에 있어서 죽음의 역할에 대해 제대로 이해하는 것을 방해했다. 그러나 점차 나는 의사로서 부인할 수 없는 현실과 직면하게 됐다. 의사에게 환자란, 어떻게 죽으면 안 되는지를 배우는 과정이다.

이 생각 때문에 나 혼자 괴로워하다가 어느 순간 동료 의사들 중 많은 이들 또한 비슷한 시각을 지니고 있음을 깨닫게 됐다. 우리는 수년간 어려운 의학지식을 배우고 의학계의 신神을 자처하기라도 하듯 첨단 의료기술을 익혀왔건만, 의사로서 의사소통의 기술을 연마하는 데는 형편없이 실패한 것이다. 환자와의 대화를 중요시하고 환자와 솔직한 대화를 나누는 것에 가치를 두는 진정한 프로가 되지 못한 것이다. 의사로서 본분을 다하기 위해 우리는 분명 옳은 일을 하고자 하지만, 우리 중 압도적인 다수는 우리의 가족이나 자기 자신에게라면 결코 택하지 않을 방법으로 중환자들을 치료하고 있다.

환자와 가족 그리고 의사들이 의료적 처치의 새로운 기준을 확립할 수 있도록, 이 책이 충격요법으로 쓰일 수 있기를 진심으로 희망한다. 의사가 먼저 생애 말기 치료에 관한 결정적 이야기를 꺼내지 않더라도, 이 책을 통해 환자들이 먼저 이야기할 수 있는 용기를 갖게 되기를 바란다. 그렇게 한다면 환자와 그들의 희망 사항이 치료의 중심에 자리할 수 있게 된다. 환자가 스스로 무엇을 선택할 수 있는지 더 많이 알고, 의사 또한 환자의 가능한 선택에 대해 대화를 나누고 지지함으로써, 환자와 의사 모두 변화를 이끌어낼 수 있을 것이다. 의사야말로 변화의 기폭제 역할을 맡아야 할 중요한 이유가 있다. 의사들은 모두 알고 있다. 의사인 자신들 또한 종국에는 누구든 예외 없이 환자가 되리라는 것을 말이다.

THE CONVERSATION

A REVOLUTIONARY PLAN FOR END-OF-LIFE CARE

Chapter 1

My Medical Odyssey

제1장

나의 의료 오디세이

그리스 이민자의 후손인 나는 어릴 때부터 수많은 그리스 고전의 세례를 받았다. 비극, 서사시, 철학. 아이스킬로스*의 비극에 등장하는 운명적 엇갈림이며, 고향 이타카 섬으로 돌아오기 위해 애쓰는 오디세이의 모험이며, 역사상 최고의 이야기꾼인 소크라테스의 역설적 문장 따위를 매일 같이 읽었다. 하지만 내가 가장 오랜 시간을 들여 여러 번 반복해서 읽은 건 철학 책이었다. 플라톤과 아리스토텔레스는 언제나 나의 친구였다. 그들은 덕virtue과 뛰어남excellence에 관해서, 이상과 공동체에 관해서, 또한 좋은 삶과 좋은 죽음에 관해서 정말로 어려운 질문들을 던지는 것 같았다. 소크라테스가 주장했듯이, 철학은 궁극적으로 죽음을 준비하는 것이다.

좋은 삶? 좋은 죽음? 이건 분명 토요일 아침에 보는 만화의 소재는

---

* Aeschylus. 고대 그리스의 비극 시인.

아니다. 삶과 죽음에 관한 거창한 질문에 누가 쉽게 답할 수 있을까? 철학은 이들 주제에 관한 지혜와 지식에 어떻게 도달했던가? 이런 질문들은 사춘기 시절 내내 나의 마음속을 떠나지 않았다. 2,500년 전 아테네 사람들의 목소리가 아니라 내 부모가 운영하던 맨해튼의 그리스 식당을 찾아온 그리스 이민자들의 투덜거림처럼 선명하게 말이다. 나는 이런 질문들에 매혹되었고, 1980년대 후반 대학에 입학했을 때 내 전공이 철학이었던 것은 너무도 자연스러운 일이었다.

10대 시절, 책을 읽지 않던 나는 식당에서 서빙을 하고 그리스 음식을 만드는 요령을 익혔다. 오랫동안 일을 하면서 번 돈을 차곡차곡 모았지만, 우리 가족의 형편은 대학 등록금을 대기에도 빠듯했다. 책이나 다른 학용품을 사는 건 언감생심이었다. 나는 대학의 재정지원센터에서 제공하는 기숙사 청소와 같은 시급이 형편없는 일 대신 좀 더 수입이 쏠쏠한 기회를 탐색했다.

"모집: 명예교수와 부인을 위한 개인 요리사." 학교 신문에서 이런 광고를 발견한 나는 얼른 전화를 걸어 자세한 사항을 문의했다. 알고 보니 그의 아내가 병을 앓고 있었고, 식사를 준비해줄 누군가를 찾고 있던 것이었다. 나는 중고 자전거를 타고 캠퍼스에서 5분 거리에 있는 교수의 집으로 갔다.

베네딕트 C. 스톤Benedict C. Stone 4세는 캠퍼스의 전설이었다. 그는 40년 동안 정치철학 입문 과정을 가르쳤고, 입에 파이프를 문 채 플란넬 재킷을 입고서 캠퍼스의 오솔길을 걸어 다니곤 했다. 그의 아내 패티는 교수 아내에게 주어지는 전통적인 역할을 맡아왔다. 학생들에게 프렌치 스타일의 저녁 식사를 대접하기도 했고, 동료 교수들을 위한 칵테일 파티를 열기도 했을 뿐만 아니라, 교수의 작업에 대해 논평을 하기도 했다. 멋진 후식을 준비하지 않을 때에는 거실에 앉아 한 손엔 담배를 다른 한 손엔 연필을 들고 남편의 최근 작품을 검토하곤 했다.

하지만 이제 모든 것이 변했다. 패티는 폐기종으로 죽어가고 있었다. 자신이 좋아하는 프렌치풍의 식사를 더 이상 준비할 수가 없었다. 그래서 그들은 나를 고용했고, 내가 음식점에서 구해 온 그리스 음식에 적응해야만 했다. 나는 수업을 듣고 난 오후 무렵이면 곧바로 자전거를 타고 교수의 집으로 가서 저녁 식사를 준비했다.

패티가 오랫동안 피워온 앙증맞은 버지니아 슬림 담배는 마침내 그 대가를 요구하고 있었다. "그때는 필요한 관습이었거든. '너 많이 컸구나. 자, 피우렴.' 모든 여성들이 담배를 피웠지." 그녀는 내게 이렇게 말했다. 그녀는 이제 몇 걸음만 걸어도 숨을 헐떡였다. 산소 탱크가 늘 곁에 놓여 있었다.

어느 맑은 날 늦은 오후였다. 로즈마리를 곁들인 양고기 요리를 상에 올리려는 참에, 기침 소리가 들렸다. 패티의 침실에서 들려오는 소리였다. 그녀의 기침은 가래가 많고 끓는 소리가 섞이는, 전형적인 흡연자의 기침이었다. 하지만 지금은 기침 소리가 달랐다. 훨씬 깊어서, 마치 장에서 올라오는 듯한 소리 같았다.

교수도 그 소리를 들었고, 우리 둘은 그녀의 침실로 뛰어갔다. 패티는 거의 숨을 쉬지 못하고 있었다. 피로 흠뻑 물든 손수건은 그 자수 모양이 전혀 보이지 않을 정도였다. 원래 분홍빛이던 그녀의 입술은 푸른빛을 띠었고, 손톱도 탁한 회색으로 변해 있었다. 패티는 눈을 뜨고 남편을 쳐다보았다. '너무 걱정하지 마, 여보.'라고 말하는 듯한 눈빛이었다. 하지만 어떻게 걱정하지 않을 수 있을까. 호흡 하나하나가 투쟁이었다. 그녀는 우리 눈앞에서 말 그대로 숨이 막혀 죽어가고 있었다.

"호흡을 편하게 하는 약을 더 줘서 편안하게 해주는 게 나을까? 아니면 앰뷸런스를 불러 병원으로 데려가야 할까?" 교수는 내게 물었다. 그의 굵은 목소리는 거의 속삭임으로 바뀌어 있었다. 너무 놀라 얼어붙은 나는 아무런 대답도 할 수 없었다. 나는 사람이 그렇게 숨을 헐떡이는 것도, 그렇게 많은 피를 토하는 것도 본 적이 없었다.

"어떻게 하지?" 그가 또 말했다. "이렇게 일찍 이런 상황이 올 줄은 몰랐는데. 패티와 나는 이런 대화를 나눈 적이 없어. 어쩌지? 안젤로는 어떻게 생각해?"

나는 그 순간, 누가 더 괴로운 상황인지 알 수 없었다. 상실의 순간에 가슴이 찢어지고 있는 거인인지, 아니면 입술이 파래진 그의 아내인지. 세월이 흘러 의사가 된 다음, 나는 이런 장면을 수도 없이 목격했다. 아내, 어머니, 아버지 혹은 형제의 죽음이 임박한 상황에 처해 절망에 빠진 가족들을 여러 번 보았다. 환자의 몸을 망가뜨리는 질병과 관련한 경험은 주변 사람 모두를 무너뜨린다. 가족들은 고통을 목격하는 걸 견뎌야 한다. 그것도 맨 앞줄에서.

다행스럽게도, 패티의 기침은 몇 분 후에 저절로 잦아들었다. 입술은 다시 분홍빛으로 돌아왔고, 호흡곤란과 거친 숨소리도 서서히 줄어들었다. 교수가 손을 잡고 있는 동안 패티는 잠이 들었고, 교수의 눈에서는 눈물이 흘러내렸다. 우리 모두는 유예 기간을 얻었다.

나는 기숙사로 돌아왔다. 기말시험이 다가오고 있었지만 공부에 집중할 수가 없었다. 패티의 거친 호흡과 피에 물든 손수건이 자꾸만 떠올랐다. 그리고 교수의 질문이 마음속에서 메아리쳤다. 내 생각은 뭐지? 좋은 죽음은 뭐지? 집에서 죽는 것? 병원에서 죽는 것? 숨이 막혀 죽는 것? 평화롭게 죽는 것?

패티가 세상을 떠나고 몇 달 후, 나는 죽음이나 고통에 대해 생각하는 것과 목격하는 것 사이의 차이에 대해 고민하게 됐다. 임상 경험을 통해 삶과 죽음에 대해 배우는 것은 그것을 적절하게 이해하기 위한 필수 요소가 될 터였다. 패티의 죽음 이후 내 학창 시절의 관심은 철학에서 의학으로 바뀌었다.

의사가 된 이후 오랫동안 나는 환자 수백 명의 마지막 순간을 함께

했다. 나는 이제 더 이상 피 묻은 손수건이나 가족들의 애도에 당황하지 않는다. 그리고 내가 알게 된 가장 중요한 교훈은 스톤 교수가 공포와 절망에 사로잡혀 나를 바라보았을 때 내가 깨달았던 바로 그것이었다. 삶과 죽음에 관한 결정을 내리기 위해서는 사람들이 생의 마지막 순간에 대해 더 많은 것을 알아야만 한다. 좋은 죽음을 맞이하기 위해서 우리는 죽음과 고통에 대해 생각하는 것 이상의 무언가를 해야만 한다. 우리는 그 문제에 관해 열린 대화를 나누어야 한다.

내 동료들 중의 일부는 여전히 개발도상국에서는 큰 골칫거리인 감염병과 맞서 싸우겠다는 열망을 품고 메디컬스쿨에 진학했다. 가장 까다로운 수술을 해내는 도전에 매료되어 의학을 선택한 이들도 있었다. 특별한 전문직 지위나 경제적 안정을 추구하는 사람들도 있었다. 나로 말하자면, 질병과 죽음이 환자들에게 뜻하는 바를 이해하고 싶어서, 또한 그들이 마지막 여정을 잘 준비할 수 있도록 도와주고 싶어서 의학을 택했다.

나의 성향은, 언제나 환자들과 대화를 나누고 그들의 경험을 듣고 그들의 희망이나 두려움을 이해하려는 쪽이었다. 하지만 곧 알게 됐다. 내 직업은 환자들과 대화를 나누는 것의 우선순위가 그리 높지 않다는 사실을 말이다. 사실 완전히 무시되는 경우도 흔하다. 공부해야 할 것이 너무 많다. 심실세동과 방실결절 회귀성 부정맥, 맞춤형 유전자 치료와 최근 발견된 유전자 돌연변이, 전해질 불균형과 콜레스테롤 저하 약물 등등. 어마어마하게 많은 검사 소견들과 임상 소견들은 의사들로 하여금 환자의 이야기에 관심을 기울일 만한 여지를 별로 남겨두지 않는다. 불행하게도, 환자들을 치료 결정에서 배제시키기 때문에, 의사들은 필연적으로 도덕적 기준을 찾을 수가 없다. 오래전, 한 환자는 나에게 이런 중요한 교훈을 깨우쳐줬다.

∞

타라스 스크립첸코는 미국 역사의 살아 있는 일부였다. 나중에 그의 목사로부터 알게 된 사실이지만, 타라스는 원래 우크라이나 출신으로 청소년 시기에 소비에트 연방으로부터 이민을 떠나온 사람이었다. 그는 지금의 우크라이나 지방이 극도로 혼란스러웠던 제2차 세계대전 직전에 그곳으로부터 탈출한 운 좋은 소수 중의 하나였다. 그는 인생의 새로운 장을 다시 시작하기를 원했다. 열여덟 살 때, 그는 애팔래치아 산맥의 어느 탄광촌에 있는 우크라이나인 마을에 둥지를 틀었고, 곧 석탄 캐는 일자리를 얻었다. 수년 동안 그는 고된 노동을 했다. 하루 12시간씩 2교대로 주 6일을 일했다.

불행하게도, 부서지는 석탄에서 나오는 많은 양의 먼지들은 타라스의 폐 깊숙이 들어갔고, 마침내 기도를 막아버렸다. 그것들은 오랜 세월이 흐르면서 서서히 암을 일으켰다. 한때는 건장한 광산 노동자였던 그의 근육질 몸은 점차 쪼그라들었다. 그가 허약하고 거동조차 불편한 78세 노인이자 수술조차 불가능한 폐암 환자가 되어 병원에 입원했을 때, 나는 내과 레지던트 1년 차였다. 죽음이 서서히 다가오면서, 그는 가끔은 즐거운 환각을 느끼기도 했고, 의식이 흐려진 채 비몽사몽하는 순간을 겪기도 했다. 엘리엇 7병동이라 불리는 암 병동에서였다.

타라스는 제대로 된 대화를 나누기엔 너무 의식이 흐렸고, 그를 대신해서 의사 결정을 해줄 가족도 없었다. 그래서 그의 치료 방침은 모든 환자들에게 적용되는 '디폴트' 그대로였다. 생명을 연장할 수 있는 모든 치료를 제공하기. 타라스의 종양내과 주치의는 질병의 초기 단계에서 그와 대화를 나누지 못했다. 암이 치료 불가능한 상태로 진행되었을 때 어떤 수준의 의료서비스를 받기를 원하는지에 대해서 말이다. 왜 이런 대화가 없었는지 나는 확실히 알 수 없지만, 아마도 그를 두렵

게 만들고 싶지 않아서였을 터다. 요즘도 어떤 종양내과 의사들은 말기암 환자들과 치료 방법에 관해 이야기하는 걸 꺼린다. 많은 환자들이 실제로는 이 문제에 관해 자신의 주치의와 대화를 나누고 싶어 한다는 사실을 보여주는 많은 의학적 연구들이 있음에도 불구하고, 의사들은 환자들이 붙잡고 있는 희망을 무너뜨리지 않을까 하는 두려움을 갖고 있다.

2008년에 〈JAMA*〉에 실린 대규모 연구에서, 보스턴의 다나-파버 암연구소의 종양내과 의사들은 말기암 환자 332명과 생의 종말기에 관해 나누는 대화의 영향을 살펴봤다. 그 결과, 생의 마지막 순간에 관해 의사와 대화를 나누는 일이 환자들에게 정서적 스트레스를 주거나 정신과적 질병을 유발하는 증거는 없음이 밝혀졌다. 오히려 이런 대화를 의사와 나누지 못한 환자들은 대화를 나눈 환자들에 비해 삶의 질이 나쁠 확률이 높았다. 또한, 환자의 가족들도 이런 대화를 의사와 나누지 않은 경우에는 우울증에 걸릴 가능성이 더 높았다.

타라스는 가족이 없었기 때문에, 나는 지역사회의 목사에게 조언을 구했다. 하지만 불행하게도 타라스의 삶 전체의 윤곽을 그리기는 힘들었다. 그가 어떤 종류의 의료서비스를 원하는지 그 누구도 알지 못했고, 타라스는 자신의 소망을 담은 유언장이나 사전의료지시서advance directive를 작성한 적도 없었다. 또한 의사들이 흔히 '치료의 목표'라고 부르는 것을 정하기 위해서는 여러 세부적인 사항들이 필요했다. 어떤 치료를 받을 것인지에 관한 환자의 선택은 의료진에게 대략적인 그림을 그릴 수 있게 하므로, 의료진은 환자가 그때그때 말하는 것보다 높은 차원에서 치료 방침을 고민할 수 있다. 타라스를 위한 계획을 마련하기 위한 나의 노력에도 불구하고, 타라스의 암은 그 자체로 이미 하나의

* Journal of the American Medical Association, 미국의사협회지.

분명한 계획을 갖고 있었다. 실제로는 질병 자체가 운전석에 앉아 있는 상황에서도, 의사들은 그 주도권을 자신들이 갖고 있다고 스스로를 속이곤 한다. 하지만 우리는 모두 뒷좌석에 타고 있는 처지일 뿐이다.

타라스는 죽어가고 있었다. 나도 알았고 간호사들도 알았다. 하지만 타라스는 '심폐소생술 원하지 않음DNR*'이라는 의사 표명을 한 적이 없으므로, 의료진의 입장에서 그는 '모든 치료를 원함' 그룹으로 분류될 수밖에 없었다. 과잉 의료화된 현대사회에서, 의사나 간호사나 병원은, 명백한 사전 의사 표시가 없는 한, 어찌 됐든 위기에 처한 환자들이 모든 치료를 다 원할 것이라는 가정하에 움직일 수밖에 없다. 만약 그의 심장이나 폐가 멈춘다면, 우리는 심폐소생술을 실시하고 인공호흡기를 연결하게 될 것이다. 요컨대, 우리는 그를 살려 놓기 위해 모든 일을 할 준비가 되어 있었다.

타라스의 상태는 걱정스러웠다. 호흡은 점점 더 불규칙해지고 힘겨워지고 있었다. 나는 집으로 가기 전에 잠시 그의 병실에 들렀다. 그런데 놀랍게도, 그의 맥박과 혈압과 산소 포화도가 안정적이었다. 좀 괜찮아 보였고, 얼굴의 혈색도 조금은 좋아 보였다. 안도감과 피로를 동시에 느끼면서, 나는 당직 의사를 호출하여 카페테리아에서 만나자고 했다. 퇴근하기 전에 내 환자들의 상태에 대해 논의할 계획이었다.

당직 의사는 에드워드라는 이름의 수석 전공의였는데, 나는 그날 당직 의사가 경험이 풍부한 의사라는 점이 기뻤다. 나는 그에게 엘리엇 7병동의 타라스 스크립첸코를 주의 깊게 관찰해달라고 부탁했다. "구소련 출신의 우크라이나 사람으로, 애팔래치아의 탄광에서 일했던 경험이 있습니다. 8개월 전부터 기침이 시작되어 동네의원을 찾았고, 의사가 처방한 흉부 엑스레이에서…."

* Do Not Resuscitate.

“잠깐만.” 그가 말했다. “처음부터 다시. 환자 이름 이니셜부터, 그 다음엔 적절한 정보만 한 문장으로. 짧을수록 좋아. 내가 오늘 밤 돌봐야 할 환자가 서른 명이나 더 있거든.” 한 명의 전공의가 서른 명의 환자를 맡아야 할 때, 너무 많은 개인적 세부 사항들은 정신을 혼란스럽게 만들 수 있다.

“T. S. 78세 남자로 전이성 폐암 환자인데, 호흡곤란과 섬망을 보이고 있습니다.” 나는 이렇게 덧붙였다. “정말로 안 좋은 상태예요.”

개인적 사연들은 야간 당직 전공의의 임무 수행에는 불필요한 것이었다. 그의 임무는 근무시간 동안 환자들 중 누구도 사망하지 않도록 하는 것이었으니까. 현대 의학에서 환자들은 나이와 성별과 질병으로 축약된다. 비전형적 흉통을 호소하는 65세 여자, 급성 신장 손상을 입은 89세 남자. 이니셜로 쓰는 것도 환자 구별을 위한 실용적 목적 때문이다. 의료진에게는 환자의 진단, 치료, 예후가 단 두 개의 단어로 요약될 수 있다.

현대 의학은 비인간화의 과정일지도 모른다. 그 첫 단계는 모든 개인적 세부 사항들을 제거하는 것이다. ‘사람’이 ‘환자’로 변해가는 과정에서, 의학적 세부 사항들만이 중요해진다. 이는 젊은 의사인 나에게 가장 먼저 주입된 교훈 중의 하나였다. 엘리베이터나 카페테리아에서 의사들이 이니셜로 대화하는 걸 처음 들었을 때, 나는 환자의 프라이버시를 지키기 위해서 그러는 줄 알았다. 베이컨 치즈버거를 주문하는 동안 옆에 있는 의사들이 자기 가족의 상태에 관한 이야기를 나누는 상황을 좋아할 사람은 없으니 말이다. 하지만 곧 깨닫게 됐다. 이니셜을 쓰는 건 감정적으로 적당한 거리를 유지하기 위한 목적이 더 크다는 것을. 그렇게 많은 환자들의 고통이나 죽음과 맞서기 위해서 의사들은 환자들과의 거리를 적절하게 유지할 필요가 있다. 환자는 질병에 따라 규정되는 익명의 신체에 가까운 존재가 되어야 한다.

"코드 블루, 엘리엇 7병동. 코드 블루, 엘리엇 7병동." 에드워드와 나는 암 병동으로 미친 듯이 달려갔다. 환자들과 이동식 침대 사이를 헤치며 달려서 병동에 도착했고, 숨을 헐떡이며 타라스의 병실로 들어갔다. 환자의 방에 들어갈 때는 최고의 상황에 대한 희망을 품은 채 최악의 상황에 대한 준비를 갖추어야 한다고 항상 배워왔지만, 어떤 상황을 최악이라고 말해야 할지는 불분명할 때가 많다.

코드 블루를 발령한 간호사들이 이미 심폐소생술을 시작한 상황이었다. 나는 어색하게 고무 글러브를 손에 낀 후 그 의식에 참여하여, 흉부 압박을 하고 있던 간호사의 일을 덜어주었다. 그 일은 TV에서 보는 것보다 육체적으로 훨씬 더 힘들고 거친 일이다. 깍지 낀 내 손은 타라스의 연약한 가슴을 강하게 눌렀고, 내가 듣고 느낄 수 있었던 유일한 것은 그의 갈비뼈가 부러지고 있다는 사실뿐이었다. 그의 가슴을 리드미컬하게 누르자, 무시무시할 정도로 거친, 벨크로 천을 뗄 때에 나는 것 같은 소리가 났다.

에드워드는 침상 곁에 서서 타라스의 삶의 행로에 대해 지시를 내렸다. "흉부 압박을 계속해. 기도를 확보하고. 심장모니터를 유지하면서 전기충격을 위한 패드를 준비해. 이건 각본대로 되는 일이 아니야." 아드레날린이 모든 사람의 혈관 속을 흐르고 있었지만, 우리는 한사람처럼 움직이며 각자에게 맡겨진 역할을 수행했다. 나는 흉부 압박을 담당했고, 다른 누군가는 초록색 앰부 백을 눌러서 환자의 폐로 공기를 불어넣었으며, 또 다른 누군가는 생명을 구할 약물을 주입하고 있었다. 우리는 잘 훈련된 팀이었고, 그런 순간들에 잘 대비되어 있었다.

"압박을 중지해봐. 맥박을 확인해보자고." 에드워드가 조용히 지시했다. 나는 죽음이 임박한 순간에도 에드워드가 그토록 냉정하고 침착한 것에 놀랐다. 나는 타라스의 목에서 맥박을 감지하려 애썼다. 피하지방은 오래전에 없어진 상황이라, 연골과 기도가 아주 잘 만져졌다.

피 묻은 글러브로 피부를 만지면서 삶의 흔적을 찾는 일은 무시무시한 느낌이었다. 놀랍게도 나는 '실낱같은' 맥박을 찾아냈다. 하지만 생기라고는 없는 맥박이었다.

타라스는 안정을 되찾았다. 나는 시간이 얼마나 걸렸는지, 우리가 어떤 약물을 주입했었는지에 대해서는 기억이 없다. 세세한 것들은 이제 흐릿해졌다. 하지만 결과는 분명히 기억한다. 그는 인공호흡기가 연결된 상태로, 맥박이 정상으로 돌아와 있었다. 우리 팀은 환자의 생명을 구했고, 이제 집중치료실로 보낼 시간이었다. 나는 그 용어가 늘 마음에 들지 않았다. 병원의 모든 사람들은 그 환자가 어디에 있든 집중적인 치료를 시행하기 때문이다. 하지만 흔히 중환자실이라고 부르는 집중치료실에는 모니터 장치들이 훨씬 많다. 할 수 있는 시술도 훨씬 많다. 심장박동을 돕는 강력한 약물들, 인공호흡기, 초음파기, 투석장치 등등.

에드워드와 나는 타라스를 여러 장치들과 함께 카트에 옮긴 후 미로와 같은 병원 복도를 따라서 엘리베이터 홀로 갔다. 이송 도중에 혹시 생길지 모르는 여러 가지 사건에 대비하는 차원에서 여러 약물들과 주사기 등도 준비한 채였다. 좁은 엘리베이터에 탄 이후, 나는 타라스의 맥박이 제대로 뛰는지 확인하기 위해 그의 목에 손을 댔는데, 이번엔 맥박이 느껴지지 않았다. 모니터 기기에는 여전히 맥박이 표시되고 있었지만, 그의 심장은 제대로 기능하지 않고 있었다. 타라스는 사망하기 일보 직전이었다.

공간의 여유가 없었기 때문에 나는 침대 위로 뛰어올라갔고, 곧바로 흉부 압박을 시작했다. 에드워드와 나는 타라스의 심장을 멈추게 할 흔한 요인들을 머릿속으로 재빠르게 훑었다. 아마도 심장 주위에 혈액이 고여 있을 터였다. 암은 몸의 어디로도 퍼질 수 있고, 폐암은 종종 심장을 둘러싸고 있는 얇은 막, 즉 심낭을 침범한다. 심낭은 원래 심장을 단단히 둘러싸서 주변의 혈관이나 뼈로부터 심장이라는 펌프를 보호하는 역할을 한다. 하지만 암이 심낭을 침범할 경우, 혈액과 같은 액체가 심낭 안으로 들어가서 심장 주변에 고이게 된다. 원래 심장은 혈액을 잔뜩 받아들인 다음 힘차게 내뿜어야 하는데, 이 경우엔 혈액이 심장으로 제대로 들어오지 못하는 것이다. 당연히 제대로 혈액을 내뿜어 온몸으로 보내지도 못하게 된다. 이 상황을 심장압전이라고 한다. 막히고 눌린다는 뜻이다. 이럴 땐 커다란 바늘을 심낭에 찔러서 심장 주위에 고여 있는 액체를 뽑아내는, 심낭천자라는 시술을 해야만 한다.

우리는 훨씬 빨리 움직일 필요가 있었다.

"심낭천자 할 줄 아나?" 에드워드가 물었다. 해부학 시간에 사체를 대상으로 실습을 해본 적은 있지만 실제 환자에게 시행하는 것은 눈으로 본 것이 전부라고 나는 대답했다. "한 번 보고, 한 번 시행하고, 한 번 가르치는 거지. 살아 있는 사람에게 시행해볼 기회가 드디어 왔군." 엘리베이터 문이 열리고 우리를 기다리고 있던 간호사들이 눈에 들어오는 순간, 에드워드가 이렇게 말했다.

나는 카트에서 내려왔다. 에드워드는 커다란 주사기를 내게 건넸다. 내 손가락 길이의 바늘이 달려 있었다. "시간은 우리 편이 아니야. 지금 당장 하자고." 그가 말했다. 복도 한가운데에서, 나는 바늘을 응시했다. 내 손이 떨리고 있었지만 하나도 이상한 일은 아니었다. 커다란 바늘을 사람의 심장에 막 꽂아 넣을 참이었으니까. 응급으로 심낭천자를 시행할 때는, 바늘을 얼마나 깊이 넣어야 심장을 둘러싸고 있는 혈액이 있는 곳에 바늘 끝이 도달하는지 알기가 매우 어렵다. 사람마다 모두 다르기 때문이다. 유난히 뚱뚱한 사람도 있고, 근육이 아주 많은 사람도 있다. 흉골 바로 아래에 위치한, 검상돌기라고 부르는 연골 부위를 더듬어서 바늘을 찔러 넣었다. 검상돌기는 날카로운 칼 모양이라서 붙은 이름이다.

피부를 뚫고 얇은 피하지방과 거의 없어지다시피 한 근육을 통과하며, 조심스럽게 바늘을 밀어 넣었다. 플라스틱 주사기 속으로 피 섞인 액체가 쑥 들어오기를 기대하면서 말이다. 만약 선홍색의 피가 주사기 속으로 들어온다면 바늘이 너무 깊이 들어가서 심장까지 도달한 것이다. 1밀리미터씩 바늘을 조심스럽게 밀어 넣었다. 심장 주변에 고여 있던 액체가 나타나기를 기도하는 심정으로. 하지만 잘 안됐다. 내 손의 떨림은 점점 더 심해졌고, 이마에서 흘러내린 땀방울이 주사기에 떨어지기까지 했다. 바늘을 조금 더 넣었다. 순식간에 주사기가 선홍색 피로 가득 채워졌다. 필시 심장을 찌른 것이다. 심장압전일 것이라는 우리의 생각이 틀렸거나, 나의 술기가 실패했거나, 둘 중 하나였다.

나는 바늘을 빼고 다시 시도했다. 또다시, 그리고 또다시 시도했다. 네 번의 시도 끝에, 나는 포기하고 말았다. 레지던트들은 대체로 세 번째 시도까지 실패하면 그만두라는 지시를 받곤 했다. 하지만 에드워드는 나에게 네 번의 기회를 줬다. 내 환자였기 때문이다. 하지만 나는 세 번의 시도 후에 그만뒀어야 했을지 모른다. 타라스의 흉곽은 나의 시도들로 인해 바늘꽂이가 되고 말았다.

에드워드는 중환자실 간호사에게 다른 대책들을 지시했다. "에피네프린 1밀리그램, 그리고 다시 흉부 압박, 그 다음엔 에피네프린 추가. 이게 만약 폐에서 나온 피떡이라면 정맥 주사 준비. 일단 중환자실로 이송." 여러 명의 간호사들이 카트 주변으로 몰려와서 병원 복도를 가로질러 중환자실로 환자를 옮겼다. 거기 있는 일군의 수행원들은 모두 간절히 타라스를 구하고 싶어 했다.

중환자실에 들어가자마자 에드워드는 중환자실 의료진들에게 그간의 경과를 설명하면서, 초음파기를 이용하여 타라스의 심장 주변을 더 자세히 살펴보며 고인 액체를 빼내기 위해 잽싸게 바늘을 찔러 넣었다. 100밀리리터가 채 안 되는 양이었으니 많지 않다고 느껴질지 모르겠지만, 심장 주변에 고인 단지 몇 숟가락 분량의 액체조차 삶과 죽음을 가를 수 있다. 멈춰가던 타라스의 심장이 다시 뛰기 시작했다. 소생한 것이다.

늦은 밤이 되었고, 타라스는 이제 중환자실 팀의 케어를 받을 것이었다. 에드워드와 나는 커피를 마시러 카페테리아로 돌아왔다. 모든 코드 블루 이후엔 치료 팀이 복기를 해야 한다. 최고로 긴장된 순간으로 인해 받은 외상을 치유하기 위한 의식과 같은 행위다. 다른 사람들을 불러 모으기엔 너무 늦은 시간이었으니, 에드워드와 나는 둘이서라도 지난 일을 요약해보기로 했다.

이런 복기 과정은 언제나 힘든 순간이다. 코드 블루의 긴박한 순간을 진정시키면서 방금 일어난 일을 찬찬히 되짚어봐야 하기 때문이다. 몇 분 동안의 침묵이 흐른 후 에드워드가 말을 꺼냈다. "그러니까, 내일은 우리가 봐야 할 환자 수가 한 명 줄어들었네." 우리 중 아무도 웃지 않았지만, 그 말이 어색함을 깨뜨리기는 했다. 코드 블루 상황들을 짚어보면서, 의료진 각각이 역할을 제대로 수행했는지 살폈다. 우리는 내가 시행한 시술들을 하나하나 검토하면서 어떻게 하면 내가 다음번에 누군가의 심장에 바늘을 찔러 넣을 때에 더 잘할 수 있을 것인지를 논의했다.

기본적인 사항들이 모두 논의된 다음, 다시 침묵이 찾아왔다. 하지만 할 말이 더 남아 있었다.

"우린 교과서에 있는 대로 코드에 대처했습니다. 하지만 우리가 제대로 했는지는 의문이 남습니다." 나는 마음속에 있는 말을 에드워드에게 털어놓았다. 아마도 내가 아직 젊은 의사이고, 수많은 환자들을 돌보는 경험이 쌓임에 따라 격렬한 순간들에 둔감해지는 단계에 이르지 못했기 때문일 것이다. 나는 나보다는 몇 년의 경험을 더 쌓은 에드워드가 좀 더 나은 관점을 갖고 있기를 바랐다.

"우린 배운 대로 정확히 움직였어. 이봐, 이게 시스템이라고. 우린 할 일이 있어." 그가 말했다. 하지만 나는 그의 얼굴에서 약간의 불편한 기색을 느꼈다. 심적 부담의 증거였다.

우리 두 사람 모두는 뭔가 잘못됐음을 알고 있었다. "나는 우리가 저승에 한 발을 걸치고 있는 환자를 위해 할 수 있는 일을 제대로 했다고는 생각하지 않아요." 나는 직설화법으로 말했다. "그가 정말 이런 걸 원했을까요? 선생님은 이런 걸 원하세요? 선생님의 아버지라면 이렇게 했겠습니까? 말기암 환자를 고문하는 이런 시스템은 뭔가 잘못된 것 같아요." 에드워드가 내 어깨에 손을 얹었다. "다 괜찮아질 거야. 아직 신참이라서 그래. 익숙해질 거야. 가서 좀 자고, 내일 아침에 출근하면 나한테 삐삐 치라고."

익숙해질 거라고? 사람이 이런 일에 익숙해질 수 있다고?

다음 이틀 동안 에드워드와 나는 몇 시간마다 중환자실에 가서 타라스를 보았다. 그는 더 이상 우리 환자가 아니었지만, 그렇다고 완전히 우리 환자가 아닌 것도 아니었다. 그 다음 날 아침, 타라스 몸의 거의 모든 곳에 튜브나 카테터가 연결되어 있었다. 기관에 삽관된 튜브, 중심정맥관 두 개, 동맥관, 비위관, 소변줄, 직장에 삽입된 튜브, 그리고 심낭에 꽂아 놓은 튜브까지, 그의 몸에 연결된 플라스틱은 모두 여덟 개나 됐다. 심장내과 의사와 흉부외과 의사는 심낭에 구멍을 내서 일종의 창문 같은 걸 만듦으로써 심장 주변에 액체가 고이는 일이 없도록 하는 방법으로 심장압전을 치료하기로 결정했다. 타라스는 고장난 기계와 같았다.

의사들은 문제에 맞서고 그것을 해결하는 걸 좋아한다. 사실 현대의학이 그리 길지 않은 시간에 이뤄낸 성과는 놀라울 지경이다. 숨을 못 쉰다고요? 우리가 인공호흡기로 고칠 수 있습니다. 혈액 내에 감염이 있다고요? 강력한 항생제로 고칠 수 있습니다. 심장 주변에 물이 찼다고요? 바늘을 찔러 뽑아내거나 심낭에 창문을 내는 수술을 통해 고칠 수 있습니다. 하지만 더 어려운 문제는, 작은 걸 고친다고 해서 큰 그림이 달라지지 않는다는 사실을 깨달았을 때, 특정한 문제 하나를 고칠 수는 있지만 환자 전체를 고칠 수는 없다는 사실을 깨달았을 때 생겨난다.

이것은 나무는 보되 숲은 보지 못하는 것의 의학 버전이다. 심장내과 의사와 흉부외과 의사는 타라스의 심장을 고칠 수 있다지만, 그것이 그에게 무슨 이득이 있는가? 그가 의미 있는 방식으로 삶을 더 영위할 수 있게 되는가? 의사들은 항상 새로운 고칠 거리를 찾지만, 우리는 우리가 가진 공구 가방을 열어야 할 때와 열지 말아야 할 때를 구별할 필요가 있다. 어떤 이득이 있을지 불분명하면서 위험하기만 한 시술들을 받을 것인지 말 것인지, 심각한 상태의 환자들에게 그 누구도 물어보지 않는다면, 의사들은 끊임없이 더 많은 시술을 행할 것이다.

타라스의 심장은 그 이후에도 세 번이나 더 멈추었다. 하지만 그때마다 중환자실 의료진은 그를 기적적으로 되돌려 놓았다. 하지만 말기암 중에서도 최후의 단계에 놓여 있던 그가 마침내 숨을 거둔 것은 전혀 놀라운 일이 아니다. 어떤 새로운 문제를 의사들이 고치든, 상황은 결국 거스를 수 없는 자연의 법칙대로 흘러간다. 타라스는 코드 블루 이후 48시간 만에 사망했다.

∞

미국인들은 돈으로 살 수 있는 한에서는 최고 수준의 의료서비스를 받고 있다. 하지만 그들은 선진국들 가운데 최악의 죽음을 경험하고 있기도 하다. 생명 연장 치료의 합병증들, 병원과 동네의원 사이의 치료 연속성 부재, 그리고 의료과실 등은 이처럼 불행한 일들이 벌어지는 주요 원인들 중의 일부다. 하지만 우리가 이처럼 끔찍한 죽음을 경험하는 가장 중요한 이유는 의사들이 종종 환자들과 의료서비스에 대해 터놓고 이야기하지 못하는 데 있다.

타라스는 행운을 누렸다. 암 연구 분야에서 최고 수준의 최신 치료를 받았다는 점에서, 또한 이 나라 최고의 병원들 중 한 곳에서 가장 뛰어난 심장내과 의사와 흉부외과 의사에 의해 매우 훌륭한 의료서비스를 제공받았다는 점에서 그러하다. 현대 의학은 기술이 모든 것을, 심지어 죽음조차도 정복할 수 있으리라는 확신의 바탕 위에 서 있다. 의과대학에 입학하는 첫날부터 레지던트나 펠로우의 마지막 날까지, 기술에 대한 확신은 모든 젊은 의사들의 DNA에 각인된다. 교실에서 배운 획기적인 최신의 발견들은 그들이 수련을 마칠 때쯤이면 어느새 새로운 치료법이 되어 등장한다. 타라스가 항암치료의 마지막 사이클을 받지 않았거나 강력한 항생제로 치료받지 않았더라면 몇 개월 일찍 세상을 떴을지도 모른다.

하지만 그의 마지막 몇 개월은 과연 얼마나 달라졌을까?

타라스가 기침 때문에 찾아간 동네의원에서 흉부 엑스레이 검사를 권했던 1차진료 의사부터 그가 사망하기 직전에 그를 돌보았던 대학병원의 의사에 이르기까지, 모든 의사들은 틀림없이 그에게 수많은 질문을 던졌을 것이다. 의약품, 알레르기, 암의 가족력 등에 대해서 말이다. 하지만 그 누구도 그에게 임종기 케어에 관해서는 묻지 않은 것 같다.

환자에게 말하는 방법은 의학 수련 과정에서 별로 관심을 받지 못한다. 의학 교육의 초점은 기술과 치료에 맞춰진다. 의학은 행동이지 말이 아니니까. 환자와의 커뮤니케이션, 특히 말기 환자와의 그것은 언제나 뒷전이다. 만약 내가 의과대학부터 수련 과정까지 총 10년간 받은 의학 교육을 1년짜리 달력에 비유한다면, 의료행위와 관련된 환자와의 대화에 관해 공부하는 데는 마지막 하루 정도가 할애되었을 것이다. 나머지 364일은 오로지 의학 공부에만 쓰였다.

내가 레지던트를 마칠 무렵, 전문의 자격을 취득하기 위해서는 중심정맥관 삽입술, 심폐소생술, 요추천자, 혈액 채취, 동맥혈 가스 검사 등의 능력을 증명해야만 했다. 하지만 어느 선생님도 나에게 환자와의 대화 능력을 증명하라고 요구하지 않았다. 아이러니컬하게도, 나는 레지던트를 마친 이후 중심정맥관 삽입을 비롯한 수많은 술기들을 전혀 사용하지 않지만, 환자나 그 가족들과의 대화는 일상적으로 행하는 일이다.

내가 수련을 받던 시절과는 많은 것이 달라졌다. 좋은 쪽으로 말이다. 더 많은 의과대학들이 커뮤니케이션을 정규 과목에 포함시키고 있다. 학생들은 환자와 대화하는 방법에 관한 소그룹 수업에 참석하고, 환자를 연기하는 배우들과 함께 환자와의 대화를 연습한다. 특히 두 대학, 뉴욕 로체스터의 로체스터 메디컬스쿨과 뉴욕 시의 마운트 사이나이 아이칸 메디컬스쿨은 통합 커뮤니케이션 교육을 매우 높은 수준으로 실시하는 것으로 유명하다.

로체스터에서 의대생들은 저학년 때부터 외래 진료실에서 중증 환자들을 할당받게 된다. 학생들은 환자의 집을 방문하여 환자와 대화해야 하고, 타라스는 결코 받아본 적이 없는 매우 어려운 질문들을 환자들에게 해야 한다. 삶을 가치 있게 만드는 것은 무엇입니까? 의료서비스와 관련해서 갖고 있는 두려움은 무엇입니까? 더 이상 살아갈 가치가 없다고 느낄 만한 상황은 어떤 것이 있습니까? 당신의 결정에 도움을 줄 만한 영적, 종교적 신념이 있으십니까? 로체스터 의대생들은 증상, 약물, 알레르기 등 의사들이 환자에게 하는 일반적인 질문들과 더불어, 이처럼 까다로운 질문들도 하도록 교육받는다. 그리하여, 젊은 의학도들은 임종기 케어에 관한 대화를 일반적인 의학적 대화와 같은 비중으로 취급하게 된다. 하나의 습관으로 자리를 잡게 되는 것이다.

마운트 사이나이에서는 모든 의대생들이 반드시 일주일 동안 완화의료 팀과 함께 시간을 보내야 한다. 다이안 메이어Diane Meier 박사가 이끄는 그 팀은 거의 틀림없이 이 분야에서 미국 최고다. 학생들은 가장 중증의 입원 환자들을 돌보는 일에 참여하면서 이런 것들을 배운다. 환자의 자율성, 의사 결정 대리인, 심폐소생술 거절, 인공호흡기 제거, 의료행위의 위험-이득 비교, 치료의 목적과 관련하여 환자나 가족과의 대화 이끌기 등등. 이처럼 임종기 관련 커뮤니케이션에 일찍 노출되는 것은 상당히 강력한 감정적 경험으로, 의대생들이 의사로서의 정체성을 확립해나가는 과정에 큰 영향을 미친다. 메이어 박사는 의대생과 환자 사이의 이런 상호작용에 대해 "전쟁영화를 보는 것과 전쟁에 참전하는 것만큼 다르다."고 말한 바 있다.

하지만 로체스터나 마운트 사이나이와 같은 통합 커뮤니케이션 교육이 의대 교육과정에 포함된 경우는 많지 않다. 2008년에 다트머스 대학교의 연구자들은 미국의 128개 메디컬스쿨 전체를 대상으로 완화의료 및 호스피스와 관련된 설문 조사를 실시했다. 설문에 응한 48개 대학 가운데 이 내용을 필수과목으로 지정한 곳은 14곳에 불과했고, 실습까지 필수로 지정한 곳은 9개에 불과했다. 선택과목으로 지정한 대학이 7곳이었고, 관심 있는 학생들이 선택적으로 실습을 할 수 있게 하는 대학이 14곳이었다. 연구자들은 이렇게 결론 내렸다. 미국의 메디컬스쿨 가운데 소수만이 치료 불가능한 말기 환자들과의 커뮤니케이션에 대해 교육하고 있다.

환자와의 커뮤니케이션을 실제로 연마하는 것은 대부분 의대 졸업 이후 전공의 수련 과정에서 일어난다. 오늘날에는 수련기관 인증을 위한 의무 사항으로, 병원들은 전공의 교육 프로그램에 환자 및 가족과의 실질적인 대화를 반드시 포함시켜야 한다. 이 프로그램은 길지 않은 시간의 강의들이 거의 전부지만, 관심이 있는 레지던트들은 완화의료 분야를 선택하여 추가적인 훈련을 받을 수 있다.

이 정도만 해도 레지던트 교육에서는 상당한 진전이라 할 수 있지만, 의학 교육에서의 다른 변화들은 이런 노력들을 무색하게 만드는 것이 많다. 레지던트가 수련을 마치기 전에 습득해야 하는 정보의 양은 최근 10년 사이에 폭발적으로 증가했다. 그들이 익숙해져야만 하는 기술적 진보나 치료법들은 경이로울 정도로 많다. 내 전공의들이 나에게 최근의 의학적 발전에 대해 알려줄 때면 이런 사실을 새삼 느끼곤 한다. 이러한 의학지식의 폭발과 더불어, 요즘 전공의들은 일주일에 80시간 이상 근무하지 못하게 되어 있다. 물론 그것도 가혹한 수준이긴 하지만 말이다. 더 많은 정보들이 더 짧은 시간 동안 욱여넣어져야 한다. 그러니, 앞에서 말했듯이 의학 교육이 365일간 이뤄진다고 가정할 때, 대화 교육에 할애되는 시간은 과거보다 늘었다고 해봐야 이틀이나 사흘에 불과할 것이다. 이건 충분하지 않다.

당연한 얘기지만, 의사들 중에는 같은 교육을 받아도 커뮤니케이션 기술을 잘 습득하는 사람이 있고 그러지 않은 사람이 있다. 어떤 의대생이나 레지던트는 원래 의사소통을 잘하는 편이라서, 다른 사람들의 이야기를 듣거나 자신의 이야기를 하는 데 편안함을 느낀다. 신체검사를 잘하거나 약 이름을 잘 암기하는 사람이 있는 것과 마찬가지다. 하지만 이러한 적성들 사이에는 커다란 차이가 있다. 메디컬스쿨에서는 입학생을 뽑을 때 커뮤니케이션 능력보다는 과학적 추론 능력, 수학 점수, 그리고 암기력을 더 중요하게 생각한다.

메디컬스쿨들은 대체로 생물학, 화학, 물리학, 유기화학 등을 이미 공부한 사람을 요구하며, 더욱 도전적인 과학 과목을 이수한 사람에겐 보너스 점수까지 준다. 그러나 영문학, 수사학, 철학, 커뮤니케이션 등의 '부드러운' 훈련을 높이 평가하는 메디컬스쿨은 거의 없다. 만약 미래의 의사들이 모여 있는 학급 전체가 원래부터 크렙스 회로 Krebs cycle 암기는 잘하지만 환자에게 나쁜 소식을 전하는 데는 곤란을 겪는 사람들로 채워져 있다면, 간단한 커뮤니케이션 훈련이 효과적이기는 어려울 것이다. 아마도 멀지 않은 미래에 메디컬스쿨들은 신입생을 뽑을 때 다른 여러 능력들과 더불어 환자나 가족과의 대화 능력에 가중치를 주는 선발 기준을 갖게 될 것이다.

환자나 가족과 대화하는 일은 쉽지 않다. 불편과 스트레스를 느끼는 일이며, 다른 힘든 업무들을 핑계로 뒷전으로 미루기 십상인 일이다. 게다가 연습이 필요하다. 그것도 아주 많이. 외과 의사들은 스승의 감독 아래 일정 횟수 이상의 수술을 수행함으로써 자신의 수술 능력을 증명한 다음에야 비로소 스스로 수술을 집도할 수 있다. 하지만 생의 마지막 순간에 대해 환자나 가족들과 나누는 대화의 경우, 그것이 세상의 모든 '시술' 중에서도 가장 어려운 것이라서 기술과 연습이 필요하다는 사실을 인지하는 의사들은 많지 않다. 불행하게도 이런 의사들의 단견이 결국 환자들의 삶이 나쁜 죽음으로 마무리되는 결과를 낳는다.

타라스 스크립첸코는 15년 전에 죽었다. 나는 그 이후에도 수백 건의 죽음을 목격했다. 하지만 레지던트 초반에 경험한 그의 죽음은 나에게 중요한 작용을 했고, 젊은 의사 경력의 첫 10년에까지 큰 영향을 끼쳤다. 그날 밤 늦게 에드워드와 나눈 대화도 그러했다. 당시 우리는 앞으로 우리 앞에 펼쳐질 드라마의 실체를 이해하기 위해 애쓰는 중이었다. 이제 나는 성숙한 의사가 되었고, 상급자로서 다른 의사들을 지도하는 입장이 되었다. 하지만 나는 아직도 새로운 환자를 만날 때면 언제나 타라스를 떠올린다.

Chapter 2

“Do Everything”

제2장

"할 수 있는 것은 다 해주세요."

환자들만이 나쁜 죽음의 희생자인 것은 아니다. 가족들의 고통도 크다. 타라스는 그의 입장을 대변할 친척이 아무도 없었다. 스스로 결정을 내릴 수 없을 만큼 심각한 상황에 있는 환자들의 경우, 가족들이 대신 결정을 내려 주는 것이 일반적이다. 그런데 자신이 어떤 임종기 케어를 받고 싶은지에 대해서 가족들과 미리 대화를 나누는 환자는 거의 없다. 즉 가족들은 안 그래도 슬픔을 비롯한 복잡한 감정들로 괴로운 와중에, 환자의 선호에 관한 정보가 전혀 없는 상황에서, 어려운 결정을 내리도록 강요당하는 셈이 된다. 무조건 사람을 오래 살려두기를 촉진하는 의료시스템 속에서, 가족들이 다른 결정을 내리기는 쉽지 않다. 사실 그들은 그런 선택도 가능하다는 사실 자체를 모른다. 아순타 안토니아 브루노의 가족들이 그랬던 것처럼.

"지난밤엔 별일 없었어요?" 인계를 받기 직전에, 야간 당직 의사에게 이렇게 물었다.

"나쁘지 않았어요." 그녀가 대답했다. "하지만 '대박' 환자가 하나 있죠. 84세 여성, 심한 알츠하이머. 밤늦게 외과에서 트랜스퍼됐어요."

아순타 안토니아 브루노. '노나Nonna, 할머니라는 뜻의 이탈리아어'라는 애칭으로 불렸던 그녀는 세 아이가 학교에 들어갈 나이가 되었을 때 보스턴 근교에 레스토랑을 열었다. 나중에 열세 명의 손자들과 네 명의 증손자를 보았고, 그녀의 식당은 가족들의 사랑과 노동으로 유지되었다. 그녀는 5년 전 알츠하이머 진단을 받았다. 그녀의 딸이 엄마의 변화를 알아차린 것이 계기가 되었다. 노나는 인기 메뉴였던 '파스타 에 파지올리pasta e fagioli, 콩이 들어간 파스타 요리'에 토마토소스 넣는 걸 잊어버렸던 것이다.

노나는 수 주일 동안 병원에 입원해 있었다. 인지 능력이 저하되었고 고령이었지만, 정형외과 의사는 낙상으로 뼈가 부러진 그녀를 위해 고관절 치환 수술을 시행했다. 그녀는 수술 이후 다양한 합병증에 시달렸다. 처음엔 폐렴이 한쪽 폐를 침범하여 호흡곤란이 왔고, 기도 삽관을 거쳐 한동안 인공호흡기 신세까지 져야 했다. 그 다음엔 다리 혈관에 혈전이 생겼고, 그 혈전이 다른 곳으로 퍼져나가지 않도록 하기 위해 혈액희석제를 써야 했다.

이런 시련들 속에서, 노나의 회복을 기대하는 가족들은 영양분 공급의 최후 수단으로 영양관 삽입을 요청했다. 그 다음에 일어난 고통은 영양관이 삽입된 복부의 피부에 심각한 감염이 생긴 일이다. 노나가 정신이 혼미한 상태에서 튜브를 강제로 뽑아버린 데서 비롯된 일이었다.

안타깝지만, 진행된 알츠하이머병은 말기 상태다. 의료진이 폐렴이나 혈전이나 복부 감염을 해결할 수는 있겠지만(이들 합병증은 모두 고관절 치환 수술 이후에 생긴 것이다.), 그렇다 하더라도 결국 노나는 치료될 희망이 없는 말기 상황에 놓여 있을 뿐이다. 단지 고관절 수술일 뿐이었을지 모르지만, 그것은 의학적 악몽을 초래했다. 노나는 자신의 몸이 얼마나 황폐해졌는지에 대한 기억이 없다. 하지만 가족들은 '카프카적Kafkaesque*' 이라 불러도 좋을 과도한 의료화의 여정을 고통스럽게 체험해야 했다.

이 사례에서 벌어진 자질구레한 일들을 모두 언급하자면 정신이 혼미해질 지경이다. 당직 의사는 존경할 만한 수준의 요약 실력으로 노나의 병력을 몇 마디로 정리했고, 입원 기간 중에 있었던 일들의 핵심도 알려줬다. 그리곤 이렇게 덧붙였다. "저는 환자의 가족들 중 누구하고도 우리가 앞으로 어느 곳을 향해 갈 것인지에 대해 이야기를 나누지 못했어요. 선생님은 가급적 이른 시간 안에 가족들과 면담을 하셨으면 합니다. 복부 감염에 대한 항생제 처방은 제가 알아서 했지만, 영양관을 교체하는 문제는 가족들의 결정이 필요하거든요." 노나가 인생이라는 미끄럼틀의 맨 아래에 도달하기 직전이라는 사실은 명백했다.

내가 너무도 자주 접하는 슬픈 이야기가 여기에 있다. 병원에 입원하는 환자들 중에서 20%가량은 의학적으로 치매 증상을 보인다. 기억력을 비롯한 여러 인지 기능의 저하로 인해 일상생활을 정상적으로 영위하기 어려워진 상태를 뜻한다. 알츠하이머병은 치매의 가장 흔한 형태로, 전체 치매의 60~80%를 차지한다. 두 번째로 흔한 건 혈관성 치매로, 이는 주로 뇌졸중 후유증으로 나타난다. 혈관성 치매 환자들은, 알츠하이머병에서 기억력 저하가 먼저 나타나는 것과는 달리, 처음엔 판단력 저하나 어떤 일을 하는 데 필요한 계획을 수립하지 못하는 증상이 주로 나타난다. 뇌졸중이 뇌의 어느 영역을 침범했느냐에 따라서 각기 다른 기능이 저하된다. 2012년 기준으로 전 세계에는 3,500만 명의 치매 환자가 있으며, 해마다 770만 명 정도가 새로 진단되는

* 부조리하고 암울한 상황을 뜻하는 말로 《변신》 등의 실존주의 문학의 선구자로 평가받는 프란츠 카프카에서 온 말.

것으로 추산된다.

독일의 정신과 의사 알로이스 알츠하이머Alois Alzheimer가 이 질병을 처음 기술한 지 1세기가 넘는 시간이 흘렀지만, 여전히 이 질병은 치료가 전혀 불가능하며 궁극적으로는 모든 환자의 생명을 앗아간다. 혁신적인 가설들도 있고 비교적 괜찮은 임상시험 성적을 보이는 의약품도 있지만, 아직도 이 질병에 대처할 수단은 거의 없다. 또 다른 큰 문제는 알츠하이머의 병기stage에 대한 오해다. 알츠하이머 치료에 관해 대중들이 의견을 갖거나 결정을 내릴 때에는 적어도 부분적으로는 TV에 비치는 이미지로부터 영향을 받는다. 정신이 혼란스러운 할머니가 이름을 잊어버리거나, 정신은 멍하지만 차림새는 말쑥한 할아버지가 스토브에 불을 켜 놓은 채 자리를 뜬다거나 하는 장면들 말이다. 이런 장면들이 알츠하이머병을 제대로 묘사하는 건 맞지만, 그건 초기일 때만 그렇다.

알츠하이머병 초기의 사람들은 일상생활에 충분히 방해가 될 만큼의 기억력 문제를 경험한다. 중기가 되면 기억력, 언어, 행동 등과 관련된 여러 문제들이 악화된다. 스토브 위에 주전자를 올려놓은 채 잊어버리기도 하고, 정신이 혼란스러워져 아무 의미 없는 말을 내뱉기도 한다. 행동 변화도 더욱 분명히 나타나서, 말기 알츠하이머 환자들 가운데 다수는 의심이 많아지고 편집증적 사고를 하게 된다. 말기에는 기억력, 언어, 행동 등의 증상이 더욱 심해진다. 사랑하는 가족들을 못 알아볼 수도 있다. 알아듣거나 말할 수 있는 단어들이 불과 몇 개로 줄어든다. 그들은 먹기, 말하기, 걷기, 씻기, 화장실 가기와 같은 기본적인 일들을 할 수 없게 되며, 그들을 도와주려는 돌봄 제공자들을 밀쳐내기도 한다. 마치 갓난아기가 어린이로 성장하는 것과 비슷하다. 다만 그 방향이 반대일 뿐.

알츠하이머병의 진행에서 아이러니컬한 것은, 마음에 있어서는 수많은 연결들이 풀려버리는 반면, 심장을 비롯한 다른 주요 장기들의 기능은 온전하다는 점이다. 결국 환자의 생명을 앗아가는 건 알츠하이머병이 아니다. 하지만 마음이 쪼그라듦에 따라 그와 연관되어 나타나는 여러 신체적 증상들의 결과가 문제다. 예를 들어 요로 감염, 음식물 흡인성 폐렴, 거동 불능으로 인해 나타나는 엉덩이 욕창 등이 있다. 말기 알츠하이머병 환자들은 가족들이 제공할 수 있는 것 이상의 돌봄을 필요로 한다. 내가 맡고 있는 84세 환자와 마찬가지로, 그들은 전국 곳곳의 후미진 동네에 있는 별 특징 없는 벽돌 건물 속에 감추어진 요양시설에서 지낼 수밖에 없다.

∞

가족 면담이 그날 늦은 저녁으로 잡혔다. 노나의 가족들이 다 모일 수 있는 시간이 그때뿐이었다. 나는 먼저 그녀의 병력을 철저히 검토하고 싶었고, 고관절 치환 수술부터 영양관 삽입에 이르는 모든 시술들의 세부 사항에 대해서도 파악하기를 원했다. 그녀의 의무기록은 내가 상상했던 것 이상으로 복잡했다. 수없이 많은 부분으로 나눠져 있는 작은 백과사전과도 같았다. 한마디로 완전히 뒤죽박죽이었다. 모든 페이지에 걸쳐 공통된 항목이라곤 맨 위에 인쇄되어 있는 그녀의 이름뿐이었다. 아순타 안토니아 브루노.

그날 저녁, 내가 가족들을 만나기 위해 노나의 병실로 갔을 때, 나는 한 명 아니면 두 명의 친지를 만날 것이라 예상했다. 유난히 가까운 딸이나 이모를 특별히 좋아하는 조카 정도. 스무 명의 친지들로 이루어진 합창단을 만날 줄은 몰랐다는 뜻이다. 알고 보니 그것도 가족들 중에 절반만 모인 것이었다. 다른 사람들은 가족이 운영하는 식당에서 일을 하고 있었다. 유일한 딸이자 가족 대변인인 애넌지아타, 노나의 둘째 아들인 안토니노, 여덟 명의 손자 손녀들과 그들의 배우자들 전부, 그리고 두 명의 증손자. 그들 모두의 얼굴엔 곤란한 결정을 내려야 한다는 괴로움이 어려 있었지만, 첫째인 애넌지아타가 최종 결정권자임은 분명해 보였다.

나는 좁은 병실 대신 복도 건너편에 있는 커다란 회의실로 면담 장소를 옮기기로 했다. 면담의 절반은 설명, 나머지 절반은 고백으로 채워졌다. 환자의 질병에 대해 자세히 설명하는 것은 그리 어려운 일이 아니었다. 가족들의 두려움, 희망, 그리고 후회에 대해 듣는 것이 힘든 부분이었다. 모든 가족들의 마음은 이런 감정들로 뒤섞여 있었고, 굳이 그걸 다른 가족들과 나눌 필요도 없었다. 하지만 임종기 돌봄에 관한 결정을 내려야 할 때에 중요한 것은 환자의 사랑하는 가족들이 그들의 느낌을 주고받는 일이다.

노나는 수년 전부터 자신에 관한 문제를 스스로 결정할 수 없는 상태였고, 그녀의 가족들은 이미 여러 차례 그녀에 관한 결정을 내려왔다. 고관절 치환술, 혈액 희석제, 그리고 기도 삽관. 임종기 돌봄에 관해서는 거의 언제나 최소한 두 가지의 선택지가 있다. 무얼 택하든 최종 결과는 같다고 하더라도, 사랑하는 사람을 위한 결정을 내리도록 가족들을 돕는 일은 불안을 유발한다. 가족들로부터 지침을 얻어내는 일은 매우 까다롭다. 감정이 격해져 있는 순간에는 특히 그렇다. 의사는 수년 전부터, 혹은 평생에 걸쳐 진행되어온 가족의 드라마 속으로 부지불식중에 뛰어들게 된다. 이런 면담에서 어떤 일이 벌어질지 나는 전혀 예상할 수 없었다. 그래서 흔히 위험하지 않은 질문들로 면담을 시작하곤 했다. "여러분이 사랑하는 저분에 대해 말해주세요. 평소에 어머니는 어떤 분이셨나요?"

"엄마의 관심사는 딱 한 가지였죠. 요리." 애넌지아타는 파스타 에 파지올리에 관한 이야기를 시작으로 노나의 요리 솜씨에 관해 긴 이야기를 풀어 놓았다. 그러고는 노나의 이름이 어떤 의미를 갖고 있는지를 설명하기 시작했다. 아순타 안토니아는 8월 15일에 태어났는데, 그날은 성모승천대축일Assumption of the Virgin Mary이기도 했다. 시칠리의 토마토 농부였던 노나의 아버지는 불임 여성의 성인인 파도바의 안토니오 성인에게 아기를 갖게 해달라고 기도를 했었다. 그는 아들이 태어나 자신의 농사일을 도와주기를 희망했고, 안토니오 성인의 이름을 기리는 차원에서 아들의 이름을 안토니라고 짓기로 정해 놓았다. 아기를 원했던 그의 소망은 이뤄졌지만, 아내가 낳은 것은 아들이 아니라 딸이었다. 가톨릭에서 마리아는 안토니를 이긴다. 그래서 그는 딸의 이름을 '아순타Assunta, 영어 Assumption에 해당하는 이탈리아어'라고 짓고, 안토니오 성인의 이름을 여성화시켜 안토니아라는 이름을 추가했다. 그녀가 이 사연을 읊는 동안, 아무도 그걸 제지하지 않았다. 모두가 자리에 앉은 채 존경하는 노나의 삶에 관한 이야기에 몰입해 있었다.

나도 주의 깊게 들었다. 환자의 인생 이야기가 매력적이었기 때문이다. 나는 의대생이나 전공의 시절에 환자의 개인적 이야기에 관심을 기울인 적이 없다. 현대 의학 교육이 요구하는 어마어마한 분량의 지식과 긴 시간의 수련에 압도되어 있을 때는, 환자의 질병을 이해하는 데 급급하여 환자의 삶의 세세한 부분들은 간과할 수밖에 없었다. 혈압이 떨어지고 전해질 수치가 요동치고 있는데, 시칠리 요리법이나 가톨릭 의식에 관심을 쏟을 시간이 어디에 있겠는가. 환자는 위로받기 위해서가 아니라 전문적 치료를 받기 위해서 병원에 온다는 생각으로, 나는 언제나 내가 환자의 개인적 이야기에 별다른 관심을 기울이지 않는 것을 정당화하려 애쓰곤 했다.

하지만 나는 점점 더 많은 환자를 돌보면서 깨닫기 시작했다. 환자와 그 가족들이 단순히 의학 전문가를 찾아서 병원에 오는 것이 아니라, 죽음과 맞서 싸우는 과정에서 의사로부터 안내와 위안을 받기 위해서도 병원에 온다는 사실을 말이다. 나 역시 같은 이유로 전공을 철학에서 의학으로 바꾸지 않았던가. 의과대학과 전공의 과정을 마친 후 나는 환자와 가족들을 위해 사용할 시간을 따로 할애하기 시작했고, 젊은 의사로서 나의 역할을 재정립하기 시작했다. 환자들의 삶의 세부사항들에 대해 다시 관심을 기울이기 시작한 것이다. 인간의 삶의 윤곽에 이처럼 쉽게 다가갈 수 있는 직업은 흔치 않다. 좋은 의사의 덕목 중의 하나인 사려 깊은 경청은 환자에게뿐만 아니라 의사에게도 치유적 효과가 있다.

"노나가 아프다는 사실을 언제 알아차리셨나요?"

"토마토를 잊어버렸을 때요." 노나의 둘째 아들 안토니노는 이렇게 대답하더니 훌쩍이기 시작했다.

"토마토라고요?" 나는 혼란스러웠다.

애넌지아타가 재빨리 끼어들어 설명을 시작했다. "5년 전, 성 안토니 축제 기간이었어요. 엄마는 파스타 에 파지올리에 토마토 넣는 걸 잊어버렸죠. 나는 식당 일을 돕고 있었는데, 엄마는 멀쩡해 보였지만 스튜는 그렇지 않았어요. 내가 말했죠. '엄마. 이게 뭐야? 파스타 에 파지올리가 뭐 이래?' 엄마는 두려운 표정을 짓더니 이내 울기 시작했죠. 뭔가 잘못됐음을 깨달았어요. 곧바로 의사를 찾아갔죠. 한 달 후 엄마는 알츠하이머병을 진단받았어요. 처음엔 파스타 에 파지올리였고, 다음엔 온 동네 아이들이 먹고 자란 디탈리니ditalini, 파스타의 일종였고, 그 다음엔 손자와 증손자를 헷갈리기 시작했죠. 그리곤 밤에 배회하기, 너싱홈, 낙상, 지금은 먹지도 못해요. 음식을 안 먹고 어떻게 회복될 수가 있겠어요. 말도 안 돼요. 어떻게 이런 일이 그토록 친절하고 좋은 사람에게 생길 수 있나요?"

건강한 가족들은 대동소이하다. 하지만 건강하지 못한 가족들은 각기 다른 방식으로 건강하지 못하다. 그러한 질병 경험에서, 가족들은 톨스토이 소설에 나오는 불행한 가족들과 같다. 어느 누구도 똑같지 않다. 비록 말기 알츠하이머병 환자들의 임상 증상은 대체로 비슷하지만, 각 환자의 가족들의 삶이 피폐해지는 것은 각기 다른 방식으로 고통스러운 일이다.

노나가 더 이상 가족의 중심 역할을 하지 못하게 되자, 다양한 가족 구성원들이 그 자리를 차지하려 경쟁했다. 특히 애넌지아타와 안토니노의 경쟁이 치열했다. 노나의 첫째 아들은 경쟁자가 아니었다. 그 또한 이미 알츠하이머 초기 증세를 보이고 있었기 때문이다. 하지만 첫 아들의 세 자녀들은 노나가 이룩한 제국을 물려받을 정당한 권리를 확보하기 위해 투쟁했다. 오랫 동안 존재했던 질투와 폭발 직전의 형제들 사이의 갈등은 서서히 가족 관계를 훼손하기 시작했다. 그리고 이런 위기의 와중에 상황을 더욱 악화시키는 요인이 있었으니, 그건 그들이 전혀 준비되어 있지 않은 결정을 내려야 한다는 사실이었다.

"질병이 진행되어 말기 상태에 이르렀을 때 어떤 종류의 치료를 받고 싶은지에 관해 한 번이라도 노나와 이야기를 나눠본 적이 있나요?" 내가 물었다.

침묵. 그리고 더욱 깊은 침묵.

"친구나 친지의 죽음 이후에 노나가 그런 이야기를 혹시 하지 않았나요? 어쩌면 그에 관한 내용을 문서로 남겨 놓았을 수도 있을 텐데요."

"비슷한 문서를 작성한 적은 있어요." 애넌지아타가 대답했다. 내가 이해하기론 그 문서는 대리인 지정에 관한 것이었다.

"몇 년 전에 아버지가 자다가 돌아가셨을 때, 엄마는 자신이 뭔가를 결정할 수 없게 되었을 때 그 역할을 대신할 사람으로 저를 지정했어요."

"더 이상 음식을 만들 수 없게 되었을 때 어떻게 할 것인지에 관해서는 노나와 이야기를 나눈 적이 있습니까?"

"엄마는 삶을 사랑했어요. 엄마는 가족들과 함께 여기에 있고 싶어

했지요." 애넌지아타가 재빨리 대답했다. "우리는 독실한 가톨릭 신자입니다. 우리는 함께하기를 원해요. 모든 것을 다 해주세요." 그녀는 뭐든지 재빠르게 대답했고, 손자와 증손자들은 동의의 뜻으로 고개를 끄덕였다. 노나가 인생의 마지막 발걸음을 내딛을 때 애넌지아타가 결정권자가 된다는 사실은 분명해 보였다.

첫 면담은 의사에게나 가족들에게나 대체로 쉽지 않다. 서로가 상대방의 의향을 탐색하는 시기이기 때문이다. 가족들은 의사가 믿을 만한 사람인지 살펴보고, 의사는 가족들이 가능한 의학적 치료들에 대해 합리적 기대를 갖고 있는지 가늠해본다. 초기 면담에서 나의 기본 전략은 작고 구체적인 질문에 초점을 맞춘 후 점차 넓은 범위의 질문으로 확장해나가는 것이다. "노나는 감염을 갖고 있습니다. 항생제 치료는 계속하고 있지만, 노나가 뽑아버린 영양관 튜브를 다시 삽입할지 말지를 결정해야 합니다. 혹시 의견이 있으신가요?"

"엄마도 뭘 먹어야지요! 당연히 튜브는 다시 넣어야 합니다. 무슨 질문이 그래요? 엄마에게 밥을 안 주시려고요?" 애넌지아타의 불쾌한 감정이 느껴졌다.

"따님의 생각을 충분히 이해합니다. 우리는 보통 누군가에게 영양을 공급함으로써 사랑을 표현하지요. 하지만 노나에게 튜브로 먹을 것을 준다고 해서 그녀의 상태가 좋아지는 건 아니에요. 튜브를 넣지 않는다고 해서 더 괴로운 것도 아닙니다. 노나는 말기 상태입니다. 영양관 튜브와 알츠하이머병의 호전은 아무런 관계가 없어요." 가족들은 제대로 말을 잇지 못했다.

나는 환자와 가족들에게 솔직하고 정직한 것이 매우 중요하다고 믿는다. 너무도 많은 나의 동료들은 그럴듯한 미사여구나 애매모호한 용어를 쓰는 데 있어 탁월한 능력을 갖고 있다. 희망을 꺾지 않기 위해서나 곤란한 논쟁을 피하기 위해서이지만, 환자와 가족들에게 정확한 정보를 주지 않는 것은 그들로 하여금 올바른 결정을 내리지 못하게 할 수 있다.

신경학적 질병이나 뇌졸중으로 인해 음식물을 삼킬 수 없는 환자나 구강이나 식도에 수술을 받은 환자와 같이 전반적으로 좋은 예후를 기대할 수 있는 경우라면, 튜브를 통해 영양을 공급하는 것은 환자가 기운을 차리고 병을 이길 수 있게끔 하는 일시적인 수단이 된다. 하지만 말기 치매 환자라면, 이야기는 전혀 달라진다.

의학적 근거에 의하면, 튜브를 통한 영양 공급은 그런 환자들의 생존 기간을 연장시키지 못한다. 1997년, 하버드 의대의 노인병 전문의들은 너싱홈에 거주하는 치매 환자 1,300명 이상을 대상으로 연구를 진행했다. 튜브 영양 공급을 받은 그룹과 받지 않은 그룹을 비교해 보니, 생존 기간에서 아무런 차이가 없었다. 2년 후인 1999년엔 존스홉킨스 의대의 노인병 전문의들이 여러 연구들에서 얻어진 결과를 〈JAMA〉에 실었는데, 결과는 마찬가지였다. 최근 10년 동안 진행된 여러 연구들도 비슷했다. 튜브 영양 공급은 음식물이 잘못된 곳으로 들어가는 경우(흡인성 폐렴)를 줄이지도 않았고, 환자의 몸무게나 근력을 늘리지도 않았다.

하지만 어떤 의학적 근거도 애넌지아타의 생각을 바꿀 수는 없었다. 당연하지 않은가. 노인병 분야의 권위자이자 튜브 영양 공급 전문가인 뮤리엘 질릭Muriel Gillick 박사는 이 주제에 관해 다음과 같은 훌륭한 논평을 했다. "일반적으로 의사들은, 의학적 개입은 반드시 의학적으로 측정 가능한 이득을 유발해야 한다고 주장한다. 튜브 영양 공급이 생존 기간을 늘리지 않는다면, 의사들은 그 방법을 써서는 안 된다. 하지만 가족들이 초점을 맞추는 것은 그들이 사랑하는 사람을 돌보는 것이며 그들의 사랑을 표현하는 일이다. 만약 잘 짜인 연구를 통해 포옹이 환자의 면역 체계에 아무런 도움을 주지 못한다는 사실이 밝혀진다 하더라도, 말기 치매 환자인 자신의 어머니를 더 이상 안아주지 않을 딸은 없을 것이다. 어떤 가족들은 영양 공급이야말로 환자를 돌보는 일에서 가장 본질적인 부분이라고 느낀다. 비록 그것이 튜브를 이용하는 부자연스러운 방법을 통해 이뤄진다 하더라도 말이다." 나는 튜브 영양 공급에 대한 의학적 견지에 초점을 맞추고 있었지만, 노나의 딸은 다른 생각을 하고 있었던 것이다.

애넌지아타에게는 영양 공급 외에 어머니에 대한 자신의 사랑을 표현할 더 좋은 방법이 없었다. "엄마는 좋아질 겁니다. 건강해져서 다시 너싱홈으로 돌아갈 수 있을 거예요. 그러니 선생님, 제발 튜브를 다시 넣어주세요." 애넌지아타는 성호를 그었고, 다른 신도들과 함께 기도를 시작했다. 가톨릭 신자는 아니었지만 나 역시 머리를 숙였다.

그들이 기도를 하는 동안, 나는 궁금했다. 노나가 진정으로 원했을 것은 무엇일까. 알츠하이머병의 말기 모습, 가족들이 지금 목도하고 있는 황폐함, 서서히 사라지고 있는 그녀의 육체 등에 대해 누군가가 미리 설명해주기를 원하지 않았을까?

노나의 가족들은 울면서 회의실을 나섰다. 이후 3주 동안 여러 합병증을 겪으면서 나는 마흔 명에 달하는 가족들이 비슷한 장면을 연출하는 모습을 여러 차례 보았다. 영양 공급 튜브는 다시 삽입되었지만, 감염은 더욱 악화되어 혈액까지 침범했다. 노나는 일반 병실과 중환자실을 번갈아 오갔다. 짧았더라면 좋았을 병원에서의 시간은 기나긴 합병증으로 점철되었다.

노나가 마지막으로 중환자실에 머물렀을 때, 호흡을 위한 또 다른 튜브가 그녀의 목에 삽입되었다. 나는 매일 노나를 방문했고, 교대로 중환자실 휴게실에 머물고 있는 노나의 가족들과 인사를 나누었다. 나는 그보다 더 헌신적인 가족을 만난 적이 없다. 그들이 그녀를 위한 최선의 선택을 지속해서 내리고 있다고 느낀다는 사실은 확실해 보였다.

하지만 내가 노나의 병상을 방문할 때마다 그녀에게 연결된 튜브의 숫자와 기계음은 늘어만 갔다. 그렇게 의학적 처치가 추가될 때마다, (내 생각에) 그녀의 통증과 괴로움은 점점 더 심해졌다. 당연히 가족들의 눈에 어리는 처절한 고통을 나 역시 느낄 수 있었다.

입원 3주째가 되었을 때, 내가 노나의 병상을 찾는 빈도가 잦아졌다. 주요 장기로 가는 혈류의 감소로 인해 노나의 신장이 망가지기 시작했고, 투석을 위한 준비가 행해졌다. 그녀의 혈압을 유지하기 위한 강력한 약물들에도 불구하고, 감염은 그녀를 집어삼키고 있었다. 3주째의 마지막 날, 노나의 혈압은 급격히 떨어지기 시작했다. 그녀의 가족들이 병상으로 호출되었다.

"이제 됐어요. 충분해요. 미안해요, 엄마." 애넌지아타는 노나를 위한 결정을 내렸다. 그녀의 지시에 따라 모든 가족들이 용서를 구하는 기도를 올렸다. 아순타 안토니아 브루노, 노나는 숨을 거두었다.

∞

중환자실에서의 노나의 이미지는 내 마음속에 깊이 새겨졌다. 더욱 나쁜 것은, 애넌지아타부터 노나의 증손자에 이르기까지, 모든 가족들에게도 같은 기억이 남았으리라는 점이다.

노나의 비참한 마지막 몇 주는 그녀의 치매 못지않게 가족들에게도 나쁜 영향을 주었을 것이다. 알츠하이머는 노나의 육체를 침범했지만, 그 질병 경험은 그녀를 둘러싼 모든 사람들을 파괴했다. 이런 일을 막을 수 있는 더 나은 의료시스템은 없는 것일까? 내가 이런 일을 막을 수는 없을까?

최근 급격히 늘고 있는 문헌들은 환자의 마지막 나날 동안에 벌어지는 대혼란이 몇 주 혹은 몇 달에 걸쳐 환자 가족들의 건강에 심각한 위해를 끼친다는 사실을 보여준다. 2010년 〈BMJ*〉에는 중증 환자들의 가족에 관한 논문이 실렸다. 커뮤니케이션을 전공한 여러 명의 의사들은 병원에 입원한 환자들의 가족들이 그들의 가치관, 신념, 치료의 목표 등에 대해 토론을 하도록 장려한 다음 그 결과를 살펴보았다. 의사들이 발견한 사실은 이러했다. 대화를 나눈 가족들은 그러지 않은 가족들에 비해 환자의 사망 이후 스트레스, 불안, 우울감을 덜 느꼈다. 생의 마지막 순간에 어떤 치료를 받을 건지 미리 결정하는 일은 환자의 건강에도 좋은 일이고 가족들의 건강에도 좋은 일이다. 알츠하이머의 거침없는 행진을 멈추게 할 능력이 의사들에게는 없다. 하지만 병의 초기에 이런 대화를 나누도록 격려함으로써, 의사들은 가족들이 겪어야 할 엄청난 고통을 최소화할 수 있다.

노나는 그녀가 스스로 의사소통할 수 없을 때를 대비하여 가족 중의 한 사람을 대리인으로 미리 지정했었다. 환자가 살고 있는 주州에 따라 이런 대리인은 의료 대리인, 의료 위임인, 의료 권한 부여자 등 조금씩 다른 이름으로 불린다. 이런 사람들은 치료의 포괄적인 목표를 포함한 의료 관련 사항들을 환자를 대신해 결정한다. 미리 이런 사람을 지정해 놓지 않은 경우라면, 법정 대리인이나 의사 및 가족 구성원을 포함하는 다수의 사람들에 의해 결정이 내려지고, 이 절차는 오랜 시간이 걸린다. 드물지만, 의사 결정 능력이 없는 환자에게 대리인도 없고 가족이나 친지도 없다면, 법원이 후견인을 지정해주기도 한다. 후견인은 가족 구성원들의 의견이 일치하지 않을 때나 가족 및 친지가 환자의 최대 이익을 위해 행동하지 않는다고 여겨질 때도 지정될 수 있다.

사전의료지시서를 작성하고 그를 통해 애넌지아타에게 역할을 맡김

* British Medical Journal, 영국의학저널.

으로써 노나는 가족들이 각기 다른 치료 목표를 가지고 다투는 일을 예방할 수 있었다. 애넌지아타가, 오직 애넌지아타만이 결정 권한을 갖고 있었다. 불행하게도 그들은 노나가 음식을 만들 수 없게 되거나 자손들의 삶에 더 이상 관여할 수 없게 되었을 때 무엇을 원하는지에 관해서는 전혀 논의한 적이 없다. 노나와 애넌지아타는 단지 종이에 서명을 했을 뿐, 노나를 위한 결정을 딸이 대신 내릴 때 노나는 어떤 가치관을 갖고 있으며 어떤 것을 중요하게 생각하는지에 대해서는 논의한 바가 없다.

환자의 사전 의사 표시가 없었을 경우, 대리인은 불확실성 때문에 부담감을 느끼게 된다. 단지 의료 대리인을 지정하는 것만으로는 불충분하다. 대리인이라고 해서 반드시 사랑하는 가족이 의료와 관련하여 어떤 소망을 갖고 있는지 잘 알 수 있는 건 아니기 때문이다. 2006년 국립보건원NIH의 연구자들은 의료 대리인들의 결정이 얼마나 정확한지를 알아보는 대규모 연구 결과를 발표했다. 그들은 16개의 기존 연구를 통해 거의 3천 명의 대리인 사례를 살펴보았는데, 의료 대리인이 환자의 치료 선택과 일치하는 결정을 내린 비율은 68%였다. 다시 말해서, 어머니가 원한 바를 딸이 정확히 의사에게 전할 가능성은 우연에 맡기는 경우보다 조금 더 나은 수준에 불과했다는 뜻이다. 흥미롭게도 연구자들은 선호에 관한 사전 논의가 정확성을 높이지 않는다는 사실도 발견했다. 하지만 그러한 대화의 질에 관한 측정은 없었다. 어쨌든 환자가 스스로 의사 표현을 할 수 없는 경우에는 환자에 대해 잘 알고 있는 대리인을 활용하는 것이 현재로서는 최선의 선택이긴 하다.

자신이 미래에 어떤 치료를 받을지 계획을 세우는 환자들은 의료 대리인을 선택할 때 다음과 같은 네 가지 질문을 던져야 한다.

1. 대리인이 환자의 가치관과 우선순위에 대해 잘 알고 있는가? 대리인을 전적으로 신뢰할 수 있는가?
2. 대리인이 본인의 느낌과 자신이 대리하는 환자의 느낌 혹은 행동을 분리하여 생각할 수 있는가?
3. 설령 가족을 비롯한 다른 사람들이 동의하지 않더라고 환자의 선택을 관철시킬 수 있을 정도로 강력한 옹호자가 될 수 있는가?
4. 대리인이 환자의 근처에 살고 있어서 도움이 절실히 필요한 바로 그 순간에 곁에 있을 수 있는가?

가족 중의 일원을 대리인으로 지정하는 것은 바람직한 선택이 될 수 있지만, 늘 그런 것은 아니다. 멀리 떨어져 살면서 몇 년에 한 번 만나던 아들이나 딸보다는, 환자를 잘 알고 환자와 같은 도시에 살고 있는 가까운 친구가 더 좋은 선택일 수도 있다. 누군가를 대리인으로 선택했다고 해서 계획이 완료된 것도 아니다. 사실 그건 시작에 불과하다. 당신과 당신의 대리인은 작성된 사전의료지시서를 정기적으로 재검토해야 한다. 선호라는 것이 시간의 경과에 따라 바뀔 수 있기 때문이다. 특히 중증 질환의 경우에는 더욱 그러하다.

알츠하이머 환자는 질병의 초기에, 즉 자신의 희망을 제대로 표현할 수 있을 때, 최대한 일찍 대리인과 대화를 나눌 필요가 있다. 알츠하이머병의 자연 경과에는 판단력 상실이 포함된다. 초기나 중기, 그러니까 사랑하는 가족들과 대화를 나눌 수 있고 독립적인 생활도 가능할 때의 환자의 선호는 더 이상 자손들과 대화를 나눌 수 없고 혼자서는 밥도 먹을 수 없을 때의 선호와 큰 차이가 있기 마련이다. 하지만 나중에는 자신의 선호를 다른 사람들에게 알릴 방도가 없다.

초기 치매 환자는 자신이 삶에 의미와 즐거움을 부여하는 행동들을 더 이상 할 수 없게 되었을 때 어떤 의학적 치료를 선택할 것인지에 대해 심사숙고해봐야 한다. 물론 어려운 선택이지만 말이다. 의사나 대리인들은 이런 질문을 던져야 한다. "사랑하는 사람들과 더 이상 대화를 나눌 수 없게 되었을 때, 치료의 목표를 어떻게 설정하고 싶습니까? 혼자서 밥을 먹거나 목욕을 할 수 없게 되었을 때는요? 우리가 생명의 연장에 초점을 맞추길 원하세요, 아니면 편안함을 드리는 데 초점을 맞추길 원하세요? 혹은 그 중간의 어디쯤인가요?" 대리인은 환자가 살아 있는 동안 내내 환자의 선택을 존중해야 하지만, 환자가 자신의 선호를 분명히 말할 수 있을 때 미리 장래의 선택에 대해서도 지침을 얻어 놓는 것이 좋다.

대리인을 물색하고 지정하는 일에 더하여, 모든 환자들은 사전의료지시서를 완성해 놓아야 한다. 어떤 주에서는 아예 양식이 정해져 있다. 정해진 양식으로는 자신의 희망이 만족스럽게 표현되지 못한다고 생각하여 법적인 도움을 받고자 하는 사람도 있을 수 있다. 사전의료지시서는 환자의 가치관이나 우선순위에 관한 일반적인 생각을 제공하는 것으로, 어떤 상황에서 어떤 의학적 치료를 받을 것인지에 관한 선택의 내용도 포함된다. 사전의료지시서는 법적인 문서이지 의학적 처방은 아니다.

사전의료지시서는 생명 연장 치료에 관한 의사 처방전Physician Orders for Life-Sustaining Treatment, POLST이나 생명 연장 치료에 관한 의료 지시서Medical Orders for Life-Sustaining Treatment, MOLST 양식과 혼동되어서는 안 된다. 많은 주에서 정립되어 있는 이들 양식은 오직 중환자에 대해서만 적용되는 것이며 의학적 처방의 일종이다. 사전의료지시서는 DNRDo Not Resuscitate, 심폐소생술 금지 혹은 최근 더 자주 쓰이는 DNARDo Not Attempt Resuscitation, 심폐소생술 시도 금지로 오인되어서도 안 된다. 이는 보건의료 제공자들에게 단지 심폐소생술을 하지 말라는 내용만을 담고 있다. 여기에 중요한 차이가 있다. POLST, MOLST, DNR/DNAR 등과 같은 의료 지시들은 환자가 휴대하는 문서로 환자를 따라다닌다. 이와 달리 사전의료지시서는 단순히 법적인 지침만을 제공할 뿐 응급 상황에 대처하는 의료진에게 적용되지는 않는다.

미시간 대학교 연구진이 2010년에 〈NEJM*〉에 게재한 논문은 사전의료지시서의 활용을 지지한다. 연구자들은 거의 4천 명의 60세 이상 사망자를 조사한 결과, 환자가 사전의료지시서를 작성한 경우 그러지 않은 환자들에 비해 적극적인 생명 연장 치료를 덜 받으며, 환자의 희망에 부합하는 치료를 받을 가능성이 더 커지는 것을 확인했다.

사전의료지시서라는 것이 원래 사람들이 자신이 받을 의료를 스스로 결정할 수 있도록 돕기 위해 고안된 것이지만, 현실에서는 그 약속을 제대로 지키지 못해왔다. 고령층에서 그 비율이 좀 높기는 하지만, 전체 미국 성인 중에서는 겨우 3분의 1만이 사전의료지시서를 작성했다. 환자가 사전의료지시서를 작성했다 하더라도 그것이 실제로 실행되기까지는 적지 않은 장애물이 또 있다. 정작 그것이 필요한 순간이 왔을 때, 사전의료지시서가 언제나 의사들에게 실질적인 도움을 주는 게 아니기 때문이다. 가령 너무 모호하거나("만약 내가 죽음이 임박했을 때….") 너무 구체적일("만약 내가 영구적인 코마 상태에 빠진다면….") 수 있고, 주관적인 해석의 여지를 넓게 남겨 놓을 수도 있다. 또한 환자의 상태 변화에 따라서 반복적으로 사전의료지시서의 내용을 확인해야 할 수도 있다. 이런 난제들을 극복하기 위해서 나는 흔히 환자들에게 휴대폰이나 태블릿으로 녹화를 하거나 자신의 생각을 대리인이나 가족들에게 이메일로 보낼 것을 권한다. 미래에는 환자들이 남긴 이런 비디오가 의무기록의 일부로 첨부되어 대리인이나 의사들이 언제든 그것을 볼 수 있게 될 수도 있다. 환자가 자신의 소망을 직접 말하는 것

* New England Journal of Medicine, 뉴잉글랜드의학저널.

을 보는 것은 기록된 문서를 보는 것에 비해 의사나 가족들에게 훨씬 많은 정보를 정확하고 신속하게 줄 수 있다.

사전의료지시서가 가능한 모든 상황들을 예측할 수는 없다. 결정해야 할 의학적 사항들이 대단히 복잡하기 때문이다. 미래에 누군가가 당할 수 있는 모든 질병이나 부상에 관해 세세한 사항을 미리 정해 놓는다는 것은 실제로 불가능한 일이다. 그리고 많은 사전의료지시서들은 뇌졸중이나 치매와 같이 흔한 질병과 관련된 상황들에 대한 언급도 담고 있지 않다. 의료진을 위한 일반적인 지침의 일종일 뿐 직접적인 의료적 처방도 아니다. 환자의 소망이 제대로 존중되었는지를 확인할 수 있는 사람은 환자에 대해 최대한 많이 알고 있는 대리인뿐이다. 많은 정보를 정확하게 알고 있는 대리인이 그토록 중요한 까닭이 여기에 있다.

오늘날에는 병원에 입원하는 환자의 대다수가 나와 같은 호스피탈리스트의 돌봄을 받는다. 그들 대부분은 입원 이전엔 호스피탈리스트를 만난 적이 전혀 없다. 내 환자들도 마찬가지다. 나는 노나나 타라스가 입원하기 전에는 그들을 만난 적이 없다. 내가 최선을 다해 의무기록을 검토하고 그들에 관한 정보를 최대한 수집하더라도, 그들은 내게 낯선 사람들일 뿐이다. 노나나 타라스에게 삶의 마지막 나날을 어떻게 보내고 싶은지 물어볼 수 있는 기회도 당연히 없었다.

의료 대리인을 지정하고 사전의료지시서를 작성하는 것에 더하여, 모든 환자들이 해야 할 다른 일은 의사들과 '대화'를 나누는 일이다. 그렇게 할 수 없게 되기 전에 말이다. 치매는 고령자에서 매우 흔하기 때문에 (85세 이상 고령자의 절반이 어떤 형태로든 치매를 갖고 있다는 추산이 있다.) 일반내과학회, 미국노인병학회, 미국노화학회 등의 주요 의학 단체들은 치매 진단 여부와 무관하게 65세 이상의 모든 환자들과 '알츠하이머병에 걸렸을 때 어떤 의학적 치료를 원하는지' 에 관한 대화를 나누도록 의사들에게 권고하고 있다.

당신이 중환자가 되었을 때 당신이 원하는 치료를 받을 수 있도록 확실히 하는 방법은 크게 두 가지다. 하나는 사전의료지시서를 작성하는 것(의료 대리인 지정을 포함하여)이고, 다른 하나는 당신이 원하는 치료에 관해 가족, 친구, 의사들과 미리 대화를 나누는 것이다. 불행하게도 많은 미국인들은 이들 중의 하나도 실행에 옮기지 않은 채, 결과적으로 노나와 타라스가 겪었던 것과 똑같은 고통을 겪는다.

THE CONVERSATION

A REVOLUTIONARY PLAN FOR END-OF-LIFE CARE

Chapter 3

“We Never Kept Secrets from Each Other”

제3장

"우리는 평생 서로 숨기는 것 없이 살았어요."

노나는 치매로 인해 사고 능력을 잃었다. 그래서 그녀의 가족들은 그녀 대신 치료와 관련된 의사 결정을 내려야 했다. 말기 환자 중 대부분의 경우 명확한 대화를 할 수 없을 정도로 너무 허약하거나 의식이 혼미한 상태이기 때문에 가족과 친구들이 대신 의료 정보를 받아서 공유하고 치료 방향을 결정하게 된다. 환자가 질병의 초기 단계에서 가족과 친지들과 함께 의료적 처치와 관련된 대화를 나누도록 독려하는 의사들도 많다. 향후에 이와 관련된 의사 결정을 해야 할 때 당사자들이 조금이라도 더 준비될 수 있도록 하기 위해서이다. 그러나 환자가 자신의 임종기 치료에 관한 대화를 가족이나 친구들과 흔쾌히 나눈다는 보장은 없다. 실제로 미겔 산체스 씨 가족의 경우처럼 어떤 가족들은 이 주제를 전적으로 외면하기도 한다.

"안녕하세요, 산체스 씨."

"올라Hola*… 안젤로… 박사님…." 그는 말 한마디 내뱉을 때마다 숨을 천천히 들이쉬느라 잠시 멈춰야 했다. 콧구멍 안에 있어야 할 산소 콧줄이 왼쪽 볼 쪽으로 비뚤어져 있어 일단 그의 콧줄부터 다시 제대로 조절해줬다.

"코모 세 시엔테 오이?¿Cómo se siente hoy?**" 나는 항상 라틴계 환자들을 3인칭으로 지칭하고자 했는데, 이는 라틴계 동료들과 농담 삼아 주고받는 "케 파사?¿Qué pasa?***"보다 격식 있고 예의 있는 표현이다. 대부분의 환자들이 이름으로 불러달라고 해도, 고등학교 때 스페인어 선생님이 연장자들에게는 항시 3인칭을 쓸 것을 주의시켰던 기억이 있기 때문이다.

"말로Malo…****" 안 좋다. 정말 안 좋다. 그해에만 산체스 씨는 세 번을 입원했었다. 이번이 가장 상태가 나빴다.

미겔 산체스 씨는 내가 무척 좋아하는 환자인 동시에 입원을 가장 빈번히 하는 환자이기도 했다. 그가 심부전을 앓는 원인은 주로 적절치 못한 음식물 섭취와 관련된 문제였다.

심부전이란 몸 안에 충분한 혈액을 공급할 수 없게 될 정도로 심장 기능이 저하된 상태를 말한다. 몸 전체에 혈액을 내보내기 위해 심장은 평상시보다 더 부하가 걸리게 되고 심장근육이 어떤 형태로든 손상을 받게 되면, 몸 안에 피를 보내는 펌프 기능이 취약해지면서 심장이 제 기능을 제대로 못하게 된다. 가장 일반적인 원인은 고혈압, 관상동맥심질환, 흡연, 비만, 당뇨 그리고 노화다. 산체스 씨는 당뇨 수치관

* '안녕하세요.' 라는 의미의 스페인어.

** '오늘 선생님은 어떠십니까?' 라는 뜻의 스페인어.

*** '별일 없나?' 라는 뜻의 스페인어.

**** '안 좋다.' 라는 뜻의 스페인어.

리가 잘 안되는 77세의 비만 흡연자로 위험요인을 거의 모두 갖고 있는 셈이었다.

현대 의학의 가장 큰 아이러니 중의 하나가 바로 최근 몇십 년간 심부전을 앓는 환자의 수가 기하급수적으로 늘었다는 사실인데 이는 의학기술로 심부전 환자와 일반 노령 환자 인구의 수명을 연장하는 데 성공했기 때문이다. 미국심장협회AHA, American Heart Association에서는 미국 내 심부전을 앓는 사람의 수가 500만 명 이상이라 보고 있다.

심부전, 즉 심장 기능 상실이란 용어가 사실 다분히 기만적이다. 심장이 완전히 기능을 상실했다기보다 단지 제 기능을 충분히 다하지 못한다는 것이다. 이 병을 지닌 대부분의 사람들은 평소에 무리하지 않도록 조심하고 식단 관리에 유의하면서 비교적 잘 지내다가 무언가의 자극으로 상태가 안 좋아지게 된다.

산체스 씨는 부인과 함께 보스턴 교외에 있는 단층짜리 작은 단독주택에 살고 있었다. 집안에 오르내릴 계단도 없다. 스페인어 방송의 축구 경기를 시청하는 게 주된 일과로 이따금씩 푸에르토리코에 사는 딸과 전화하는 게 전부였다. 그는 혼자 옷을 입고 살살 목욕도 했으며 가벼운 가사일 정도까지는 해내곤 했다. 그의 부인 클라우디아는 매끼마다 나트륨 함량을 신중히 계산하며, 산체스 씨가 좋아하는 전통 푸에르토리코 음식인 초리조chorizo, 돼지고기 소시지와 치차론chicharrón, 튀긴 돼지껍질 대신 맛은 덜하지만 더 건강한 두부고기로 바꿨고 통조림이나 포장음식은 일체 사들이지 않았다. "맛이라곤 찾아볼 수 없구먼…." 산체스 씨는 이렇게 툴툴거리곤 했지만 클라우디아는 양보하지 않았고 심지어 그가 섭취하는 모든 음료수의 양까지 정확하게 체크하여 남편의 하루 수분 섭취량이 1리터가 넘지 않도록 했다.

부인이 밖에 볼일 보러 나갈 때면 산체스 씨는 때때로 몰래 동네 중국집이나 피자집에 배달 주문을 하기도 했다. 한 번의 작은 실수가 이

제껏 그의 심장이 적정량의 소금 및 수분농도의 혈액을 미약하게나마 펌프질하며 몸 전체적으로 유지해오던 균형을 와해시키곤 했다. 중국 음식점 제너럴 쏘General Tso의 달콤한 프라이드 치킨 한 덩어리나 페퍼로니 피자 한 조각만으로 그의 몸 상태는 급격히 무너져 내려 심부전 악화 증세를 가져오기도 했다. 폐에 물이 차면서 호흡이 곤란해지고 다리가 붓고 적정량을 넘어선 소금과 체액으로 쇠약해지고, 머리가 어지러운 것 등이다.

"이번에 무얼 드셨나요, 산체스 씨? 볶음밥이었나요, 피자였나요?"

그는 병상에 앉아 억지웃음을 지어보였지만, 숨을 쉬는 것이 너무 힘들어 아무런 대꾸도 하지 못했다. 그는 목의 근육을 통해 최대한 숨을 더 많이 들이 마시려 애썼지만 가슴근육이 따라가기엔 너무도 약했다. 과거에 그가 입원했을 때도 그는 대개 문장을 반으로 끊어서 겨우 대화를 하곤 했지만 이번에는 상태가 너무도 안 좋아 단어 한두 개를 간신히 내뱉을 수 있을 정도였다. 그가 내 눈을 똑바로 쳐다보았고 나는 그것으로 충분했다. 산체스 씨는 위험의 기로에 들어선 상태였다.

의료 팀이 재빨리 움직여야만 하는 상황이었다. 나는 지체없이 청진기를 그의 가슴에 대고 상태를 확인한 후 곧바로 호흡요법사와 간호사를 호출했다. "라식스Lasix 80mg IV 줘보고 폐 속의 물이 빠지는지 봅시다. 산소 100%로 올리고 콧줄을 비재호흡 마스크로 바꿔주세요. 비침습적 양압 환기법noninvasive positive pressure ventilation 준비해주세요, 필요하면 쓸 겁니다." 나는 서둘러 병상의 머리 쪽으로 몸을 구부려 산체스 씨 귀에 대고 말했다. "산체스 씨, 지난번 이곳에 오셨을 때 저한테 말씀하신 거 기억하세요? 저한테 얘기하신 것을 부인과 따님께도 얘기해보셨나요?"

"아니요… 박사님…." 그는 힘들어했고 잠들기 직전이었다.

"괜찮습니다. 괜찮아요. 이제 쉬세요. 저희가 돌봐드릴게요." 그를 안심시키고는 방에서 나와 간호사 스테이션으로 향했다. 부인 클라우디아에게 전화를 걸어 바로 병원으로 와달라고 부탁했다.

심부전은 65세 이상의 환자가 입원하는 주된 원인이다. 해마다 백만 명 이상의 미국인들이 이 병으로 입원을 되풀이하고 있다. 이 환자들 중 대부분의 경우, 산체스 씨처럼 급작스럽게 악화되는 증상을 보인다. 소금 한 티스푼만으로도 허약해진 몸이 필요로 하는 산소를 내보내야 하는 심장이 제 기능을 잃어버릴 수 있다. 러닝머신 위에서 더 이상 뛰지 못하고 밖으로 넘어지는 사람처럼, 심장이 더 이상 제 페이스를 유지하지 못하는 것이다. 그러면 혈액과 체액이 정체되면서 폐에 차오르게 되고 환자는 호흡곤란을 겪으면서 기침과 숨찬 증세가 가장 일반적인 주요 증상이 된다.

극소수의 환자들은 심장이식이나 그 밖의 기계장치로 치료가 되고 때로는 회복 또한 가능하다. 그러나 대부분의 환자들에게는 해당되지 않는 얘기다. 해마다 공급되는 이식 가능한 심장의 수는 절대적으로 부족하고 환자들은 대부분 이미 너무 쇠약해져 있어 기계장치를 사용할 수 없다. 결국 환자들에게 심부전은 예측하기 힘든 만성 질환으로 서서히 자리잡게 되고 급격히 악화된 상태가 반복되는 사이사이 비교적 정상적인 상태가 나타나는 증세를 보이게 된다. 산체스 씨 또한 심장 기능이 떨어지는 수많은 환자들 중 하나였다. 그의 폐는 물로 가득 차 있었고 우리는 의료기술을 총동원해서 물을 빼내고 몸 안의 산소를 높이는 중이었다. 조만간, 이 같은 임시처방마저 더 이상 효과를 발휘하지 못할 때가 오면, 그의 폐를 살려낼 수 없게 될 것이다. 이제 클라우디아와 대화를 나눌 때가 왔다.

"선생님, 남편에게 무슨 일이 일어난 거죠? 응급실에서 마지막으로 봤을 때 코에 산소줄 끼고 멀쩡했어요. 그런데 지금은 의식이 없어요."
클라우디아는 혼란스러워했다.

"산체스 부인, 남편분께서 마지막으로 병원에 입원했을 때 폐에 물이 가득했던 것 기억하시죠?"

"네… 선생님이 목에 그 튜브를 꽂고 기계호흡 장치로 숨쉬게 해주셨잖아요. 그리곤 2주간 중환자실에 있었고요."

"네, 그리고 재활치료센터에 가셨다가 결국 댁으로 가셨었죠."

"네."

"이번에도 그렇게 될 것 같습니다. 의학적으로 해드릴 수 있는 것이 한계가 있어요. 지금 남편께서는 숨 쉬는 것을 매우 힘들어하는 상태입니다."

"또요?" 클라우디아는 침착하려 했지만, 눈에서 눈물이 쏟아졌다.

"산체스 부인, 최근 몇 달간 남편께서는 어떻게 지내셨습니까? 평소 즐기시는 일들을 할 수 있었나요? 만족하며 지내셨나요?"

"꼭 그렇진 못했어요. 힘들어했죠."

"혹시 지난번 입원 이후 치료에 관한 남편의 희망 사항에 대해 얘기 나눠보셨나요? 아니면, 또다시 소금 함량을 초과해서 음식을 드셨을 경우, 어떤 치료를 원하는지에 관한 얘기는요?"

"아니요, 못해봤어요. 하지만 목안의 그 튜브를 정말 싫어한 것은 알아요." 클라우디아는 자신의 입을 가리키며 말했다.

"남편이 정말 안 좋아지시게 되면 무엇을 원하는지 서류작성 같은 거는 하신 게 있나요?"

"아니요."

나는 좌절감을 느꼈다.

몇 달 전 산체스 씨가 입원했을 당시, 기도 삽관을 하고 인공호흡기를 달아야 했다. 우리가 조치했던 약물과 그 밖의 처치 등으로는 효과가 충분치 못하여 그의 동의를 받고 기도 속으로 튜브를 삽입하고 인공호흡기를 연결했다. 회복까지는 많은 난제가 놓여 있었다. 그는 나이가 꽤 든 데다 비만이고 흡연기록에 당뇨까지 앓고 있어 인공호흡기를 떼는 일이 쉽지 않았다. 그가 자가호흡이 가능해질 정도가 되자, 이제는 그의 몸이 무너져 내렸다. 오랜 시간 움직임 없이 병상에만 누워 있으면서 몸 안의 근육이 힘을 못 쓰게 됐고 이로 인해 몇 주간의 고강도 재활을 거쳐야만 했다.

"다시는 내게 이런 것을 하지 마쇼!" 산체스 씨가 인공호흡기를 제거한 뒤 중환자실에 있을 때 찾아가자 다짜고짜 내게 한 말이다. "지옥이었소." 하고 그가 쉰 목소리로 덧붙였다.

"죄송합니다, 산체스 씨…." 그는 곧 중환자실에서 일반 병동으로 옮겼고 그 뒤로는 재활센터로 가게 됐다.

"클라우디아, 남편분은 내게 다시는 튜브를 원치 않는다고 했어요."

"우리는 이 문제에 대해 제대로 얘기해보지 못했어요." 그녀는 당황하며 허둥지둥 말했다.

"그때 제가 받은 인상으로는, 이 건에 대해서는 확고하셨습니다." 내가 계속 말했다.

"우리는 평생 서로 숨기는 것 없이 살았어요…." 그녀는 다시 흐느끼기 시작했다.

"우리가 같이 살아온 게 이제 거의 오십 년이라고요."

이들은 한평생 셀 수 없이 많은 밤을 같이 보내며 가장 친밀한 대화에서부터 내일의 날씨나 저녁메뉴와 같은 일상적인 대화를 나눴지만 각자의 임종기에 받게 될 의료적 처치에 대한 그 어떠한 간단한 정보도 나누지 않았다. 그 순간 나 또한 깨닫게 됐다. 나 자신도 어떤 의료적 처치를 원하는지 가족과 대화한 적이 없다는 사실을. 특별히 아픈

데 없이 건강하고 한창의 나이라면 이 같은 대화는 피하기 쉽다.

클라우디아는 남편이 재활치료를 얼마나 힘겨워했는지, 인공호흡기로 약화된 호흡근과 횡격막을 강화하기 위해 매일 아침 두 시간씩 해야 했던 운동과 오후에도 두 시간씩 이어졌던 다리 근육 강화운동 등이 얼마나 고통스러웠는지 설명하기 시작했다. 그녀는 남편이 재활센터 텔레비전에는 스페인어 채널이 없어 불편하다고 끊임없이 불평했고 좋아하는 축구 시합을 시청할 수 없어 너무도 답답해했던 것도 기억했다. 병원에서 나오는 밋밋한 맛의 음식이 어찌나 맛이 없던지, 클라우디아가 매일 방문 시간에 갖다 주는 두부요리를 눈 깜짝할 새에 먹어치웠다고도 했다. 남편이 이 모든 과정을 다시 겪을 수 있을지, 아니 어쩌면 더 중요하게는 원하기라도 할지는 자신이 없다고 말했다.

"남편이 그 튜브를 다시 원할 거라 생각하진 않지만, 우리 딸 마리아하고 먼저 얘기를 나눠야 할 것 같아요. 푸에르토리코에 있는 딸하고 통화 좀 해도 될까요?"

"물론입니다."

나는 가족대기실에서 나와 다시 산체스 씨의 병실로 이동했다. 그의 안색은 전보다 나빴고 푸른색이 도는 입술 사이로 전보다 가쁜 호흡을 내뱉고 있었다. 나는 호흡요법사에게 비침습적 양압환기법noninvasive positive pressure ventilation을 시작하라고 주문했다. 이것은 튜브 없이 환자의 입 속으로 산소를 투입하는 일종의 인공호흡 장치다. 이는 호흡곤란을 겪는 환자에게 기도 삽관 후 인공호흡기에 연결하기 전에 제공해줄 수 있는 마지막 조치다. 물론 환자가 기도 삽관을 원치 않으면 더 이상 진행하지 않는다.

"우리 딸이 할 수 있는 조치는 다 해달라고 했어요. 내일 푸에르토리코에서 첫 비행기를 타고 여기로 올 거예요."

클라우디아의 말에 나는 놀랐다. “남편이 정말 원하는 일이라 생각하시나요?”

“남편은 외동딸을 보고 싶어 할 거예요. 최근 몇 년간 딸을 못 봤거든요.”

“예, 이해는 합니다만, 아까 말씀하신 그 모든 과정을 남편이 다시 겪길 원한다고 생각하시나요?”

“남편은 딸을 사랑해요. 딸이 옆에 있길 원할 거예요.” 클라우디아는 산체스 씨의 병상 옆으로 다가가 남편의 손을 잡고 곧 마리아가 올 거라고 속삭였다.

산체스 씨의 호흡은 다시 가빠지기 시작했고 혈액 속의 산소농도가 떨어지고 있었다. 더 이상 기다릴 수가 없었다. 비침습적 양압 환기법으로는 충분치 않았다. 기도 삽관을 실시해야 했다. 호흡요법사에게 마취과 의사를 호출해달라고 부탁했다. 그가 산체스 씨 목에 튜브를 삽입하고 인공호흡기에 연결할 것이다. 산체스 씨 병상 주변으로 의료진이 신속하게 기도 삽관을 준비하는 가운데, 내 머릿속에는 산체스 씨의 목소리가 끊임없이 울려 퍼졌다. “다시는 내게 이런 것을 하지 마쇼!”

∞

의료진이 기도 삽관을 실시한 것은 잘한 일일까? 산체스 씨가 이전의 입원 기간 중 중환자실에서 내게 제일 처음 전했던 말은 다시는 기도 삽관을 원치 않는다는 것이었다. 그러나 어쩌면 이는 몇 주간 튜브를 꽂은 채 마비된 듯 병상에 꼼짝없이 지낸 뒤 깨어나자 성급하게 튀어나온 발언일 가능성도 있지 않을까? 재활치료에 성공해서 귀가한 뒤 집에서 축구 시합을 맘껏 시청하고 이따금씩 볶음밥이나 피자 조각을 슬쩍 하고 난 뒤에는 마음이 바뀌지 않았을까? 집에 무사히 도착하고 나서는 내게 다시는 기도 삽관을 원치 않는다고 말한 것을 후회하지 않았을까? 결국 기도 삽관의 고통이 충분히 값어치가 있었다고 판단하지 않았을까? 이 모든 의문에 대한 답을 나는 영원히 알 길이 없다.

클라우디아는 남편이 힘겨워한다는 것을 느꼈었다. 그의 삶의 질은, 집이 주는 안락함이나 축구 시합 없이 하루하루 감소하는 게 확실했다. 그러나 그가 위독해질 경우 무엇을 원하는지 단 한 번도 서로 얘기해본 적이 없었다. 최근에 입원까지 했음에도 불구하고 말이다. 결국 딸인 마리아가 연명조치를 실시할 것을 결정했고, 여기에는 기도 삽관과 인공호흡기가 포함됐다. 산체스 씨가 그의 의향을 딸과의 전화 통화에서 언급했었을까? 또는 자기 아버지가 가장 필요로 할 때 부모님 곁에 없었다는 죄책감에서 딸이 엄마에게 간곡히 부탁한 것은 아닐까? 부모가 아플 때 자녀가 경험하는 고통은 이루 말할 수 없다. 특히 자녀가 의도했던 만큼 부모에게 잘해주지 못했다고 느낄 때는 더더욱 그 고통에 짓눌리게 된다. 마리아가 푸에르토리코에서 첫 비행기로 병원에 와서 연명조치를 적극적으로 요구했을 때는 뭔가를 만회하고자 한 것이지 않을까? 누구에게든 쉬운 결정은 아니었다. 나는 지금도 당시 나의 행동과 확신 없음에 대해 고심을 하고 있다. 내가 무엇을 달리할 수 있었을지? 무엇을 달리했어야 했던 것인지? 몇 년이 지나도록 나는 당시의 나의 선택에 대해 마음이 괴롭다.

산체스 씨에게 기도 삽관을 실시했던 나의 조치로 인해 나는 한동안 마음고생을 했다. 마음을 정리해보기 위해 노인의학과 완화의료를 전공한 선배 의사를 찾아가 상담을 했다. "아, 그러니까 캘리포니아에서 온 딸 신드롬Daughter from California Syndrome을 말하는 건가 보네?" 그녀가 곧바로 지적했다.

"아니요, 그 딸은 푸에르토리코에서 왔어요."

“아니, 그러니까 신드롬, 증후군 말야. 환자 말고.” 그녀가 설명했다. 놀랍게도 산체스 씨의 경우에 해당하는 증후군이 있었다.

1991년 일군의 노인의학 전문가들이 〈JAGS*〉에 〈무력한 노인환자의 의사 결정에 관하여: ‘캘리포니아에서 온 딸 신드롬’〉이라는 논문을 발표한 적이 있다. 논문에는 어느 병원이든 공통적으로 맞닥뜨리는 윤리적 문제들이 연대기적으로 기록되어 있었다. 스스로 결정을 내리지 못할 정도로 상태가 악화된 말기 노인 환자를 어떻게 케어할 것인지의 문제로, 표준이 되는 사례는 중증 치매를 앓는 노인 환자였다.

이러한 상황에서, 의료진과 가족들은 환자에게 고통을 주는 처치는 피하고 쉽게 회복이 가능한 질환만 처치하는 것이 환자를 위해서 가장 필요하고도 합당한 진행 방법이라는 점에 동의하게 된다. 그러나 오랫동안 보지 못했던 가족구성원, 바로 그 유명한 캘리포니아에서 온 딸이 갑자기 병원에 나타나 할 수 있는 모든 연명조치는 다 해달라고 의료진에게 간곡히 부탁하게 된다. 딸이 연명조치를 끝까지 고집하는 데는 죄책감과 현실부정이 한 몫을 담당하지만, 그 같은 조치가 환자에게 언제나 최상의 것은 아니다. (참고로 캘리포니아 현지에서는 뉴욕에서 온 딸 신드롬으로 알려져 있다고 한다.) 마리아 또한 푸에르토리코에서 온 딸 신드롬을 표현한 걸까?

수년간 나는 배우자와 자녀들이 사랑하는 가족을 위해 대신 의사 결정을 할 경우 죄책감과 현실부정이 상당 부분 공통적으로 나타나는 것을 보아왔다. 그 빈도가 잦아서 결국 나는 중증 환자를 ‘진료’할 때면 동시에 배우자와 자녀들 또한 ‘진료’하기 시작했다. 환자들만 사랑하는 가족들과 ‘대화’를 하도록 격려하는 것으로는 충분하지 못하기 때문이다. 나는 이제 환자의 가족들이 중병을 앓고 있는 환자와 대화

* Journal of the American Geriatrics Society, 미국노인병학회지.

를 시작할 수 있도록 권장하고 있다.

산체스 씨의 경우, 그가 중환자실에 입원해 있을 동안 부인 클라우디아가 남편이 어떤 치료를 원하는지 남편과 대화하도록 나를 포함한 의료진들이 적극 권장해줬다면 이후의 상황을 피할 수 있었을까? 내가 처음 산체스 씨를 만났을 때 푸에르토리코에 있는 마리아에게 바로 연락을 취해서 아버지가 대화할 정도로 건강할 때 그녀가 아버지의 희망 사항을 들어보도록 권했어야 했을까?

이제는 예방의학이 진료의 초점이 되고 있다. 실제로 많은 의사들이 공중보건 전문가들과 머리를 맞대고 "아주 작은 예방이 치료보다 더 가치 있다.*"라는 기치 아래 모이고 있다. 산체스 씨의 가족, 특히 멀리 사는 딸에게 아버지와 대화하도록 충분히 지지를 해주지 못함으로 인해 산체스 씨에게 남은 기회를 혹시 놓치게 한 것은 아닐까?

중병을 앓고 있는 환자의 배우자와 자녀들이 대화를 시작하는 데 도움이 되게끔 나는 주로 다음과 같은 대화 시작법을 권하고 있다.

(환자 자녀용)

"아버지, 사람이 아플 때 병원에서 어떻게 치료받았으면 좋은지 얘기하는 게 중요하다고 생각은 하는데 실제로 대화할 짬을 못 낸다고 들었어요. 가족들이 알아서 잘해주리라 생각해서 그렇겠죠. 그런데 아버지가 아파서, 제가 의사들에게 뭘 어떻게 하라고 얘기해야 될 경우, 아버지 마음을 몰라 제가 잘못된 선택을 할까 겁이 나요. 그러니까 지금 얘기해보는 건 어때요? 제가 몇 가지 질문을 드려도 돼요?"

* An ounce of prevention is worth a pound of cure.

(환자 배우자용)

"여보, 할머니(또는 최근에 돌아가신 분)가 가셨다는 게 실감이 안 나는 것 같아요. 힘들긴 했지만 그래도 장례식이나 모든 것이 할머니의 삶을 마치 축하해주는 것 같지 않았어요? 평화로웠고 우리 모두 할머니가 원했던 것이 뭔지 알 수 있어서 그리 되도록 했잖아요. 싸우거나 논쟁할 필요없이. 미리 할머니가 원하는 것을 말해줄 수 있어서 가능했던 것 같아요. 여보, 우리도 한번 얘기해보는 것 어때요?"

심각한 질병을 앓는 환자의 주의를 부드럽게 끌어보라. 당신이 대화할 마음이 있다는 것을 당사자가 알 수 있도록 하는 것이 중요하다. 아마도 당사자는 당신과 해당 주제에 대해 얘기해볼 생각을 한 적은 있었지만 막상 말을 꺼내기가 힘들었을 것이다. 간단하고도 긍정적인 답변을 기대할 수 있는 질문들로 대화를 시작해보라.

1. 현재 당신에게 좋은 하루란 어떤 날인가?
2. 당신의 하루를 기쁨과 행복으로 가득하게 하는 것은 무엇인가?
3. 앞으로 기대하고 있는 일이 있는가?
4. 지금 이 단계에서 당신에게 중요한 것은 무엇인가?

그러고 나서 보다 민감한 질문들로 들어가보라.

5. 당신에게 가장 중요한 믿음, 가치라면 어떤 것이 있나?
6. 만약 무척 위독해질 경우, 당신의 희망이나 선택이 지켜질 수 있도록 내가 어떻게 도우면 되는가?
7. 우리 가족에게 심각한 질병의 기준이 무엇인지 알 수 있도록 내가 알고 있어야 할 것이 있는가?

8. 우리가 지켰으면 하는 믿음이나 의식儀式 또는 원하는 바 등이 무엇인가?

당사자의 반응을 면밀히 살펴야 한다. 감정적인 소모나 육체적인 피로감으로 상대는 쉽게 지칠 수 있다. 한 번의 대화로 모든 주제를 다루려고 할 필요는 없다. 당사자에게 당신이 대화할 준비가 돼 있다는 것을 알려주는 것이 무엇보다도 당신이 줄 수 있는 가장 큰 메시지이다.

그리고 대화를 마무리할 때는 항상 감사를 표하고 "사랑한다."는 말을 꼭 잊지 말아야 한다.

심부전이나 암 또는 치매 등이 말기 단계에 들어선 환자들이 향후 내려야 할 선택이란 결국 예측 가능한 것들이다. 심폐소생술을 받을지 말지, 인공호흡기 또는 영양관을 달 것인지 말 것인지 등은 병이 깊어지면서 예상 가능한 결정의 대상이다. 클라우디아나 딸 마리아가 산체스 씨와 사전에 대화를 시도했다면 그가 정확히 뭘 원하는지 모르는 채 추측이나 주장으로만 의료적 결정을 내릴 일은 없었을 것이다. 안타깝게도 산체스 씨와는 더 이상 의견을 나눌 수 있는 단계를 넘어서 버렸다. 그는 이제 목 안에 튜브를 삽입한 데다 고용량의 진정제 투여로 말을 할 수 없는 상태였다.

∞

다음 날 오후, 중환자실에 있는 산체스 씨를 찾아갔다. 그는 더 이상 내 담당이 아니라 중환자실 의사의 소관이었다. 하지만 양심에 무겁게 자리 잡은 환자를 떠나보내는 것은 언제나 힘든 일이었다.

산체스 씨는 기도 내의 튜브에도 불구하고 편안해 보였다. 입술은 보통의 분홍빛을 띠었고 호흡도 분당 14회를 느긋하게 기록하고 있었다. 그는 진정제로 인해 나를 알아보지 못했다. 나는 혹시나 클라우디아나 딸 마리아를 만날까 싶어 가족실로 가보았다.

"선생님, 얘가 마리아예요."

"안녕하세요, 선생님. 저희 아버지에게 너무 잘해주셔서 감사합니다."

"아버지는 무척 특별한 분이시죠, 더 잘 아시겠지만… 안타깝게도 중국음식과 피자를 멀리할 수 없었던 분이시죠." 우리 모두 같이 웃음을 터뜨렸다.

"한 가지 물어봐도 될까요?" 마리아가 고개를 끄덕였다. "치료와 관련해서 아버지의 생각을 물어봤었나요? 또다시 중환자실로 가고 싶어하셨는지라던가?"

"아니요, 그러진 못했어요. 최근 몇 달간 통화할 기회가 없었어요. 회사 다니고 애들 키우는데, 아버지가 아프셔서… 그렇게 멀리 있어서 쉽지 않았어요… 하지만 이제 제가 부모님 곁에 있으니 제가 돌봐드리고 집으로 모시려고요."

집으로 모신다? 정말로 산체스 씨가 이번에도 집으로 돌아갈 수 있으리라 생각하는 걸까? 폐 안의 물을 빼내고 심장을 강화시키기 위해 행해지는 온갖 강도 높은 처치에도 불구하고 중환자실 의사들은 산체스 씨의 인공호흡기를 뗄 수가 없었다. 산체스 씨에게는 이제 고령의 비만 당뇨 환자들이 병원에서 일으키는 각종 합병증, 즉 염증, 근육쇠약 그리고 섬망 등이 나타나고 있었다.

산체스 씨를 인공호흡기에 연결한 지 2주가 되자 의사들이 그의 기도에 구멍을 내어 입 속의 튜브를 빼고 바로 목으로 연결했다. 클라우디아와 마리아는 기관절개술과 지속적인 영양을 공급할 수 있는 영양관 삽입에도 동의했다. 결국 그는 요양원으로 전원조치됐고 그곳에서 아마도 계속 인공호흡기와 영양관에 의존하는 상태로 지낼 것으로 보였다. 이 모든 진행 과정을 통틀어, 산체스 씨는 진정제 투여나 섬망

증세로 인해 의료진이나 가족과 아무런 의사소통을 하지 못했다. 그를 대신해서 의료적 결정이 내려졌고 그에게는 발언권이 주어지지 않았다.

산체스 씨가 이후 어떻게 됐는지 나는 알지 못한다. 그가 다시 자가 호흡을 하고 축구 시합을 감상하거나 중국음식을 먹을 수 있었으리라 생각하진 않는다. 흡연기록, 비만, 당뇨 그리고 말기 심부전은 이미 그의 몸에 많은 타격을 주었다.

그가 섬망에서 깨어날 확률은 거의 없지만, 만약 정신을 차리면 나에게 이렇게 따질까 마음이 불편했다. "이보게, 안젤로 박사, 내 말은 허투루 들은 거요? 다시는 내게 이런 것을 하지 말라고 했잖소?" 내가 뭐라 답해드릴 수 있을까?

"네, 그런데 따님께서 부탁을 하셔서…."

나는 내가 맡았던 말기 환자들이 자신들의 의료적 처치와 관련해서 내게 어떻게 반대심문을 할지 종종 상상하곤 한다. "안젤로 박사님, 무엇을 근거로 저에게 기도 삽관을 실시한 겁니까? 내가 기도 삽관을 원치 않는다는 것을 인식할 만한 근거가 충분하지 않았습니까?"

혹자는 더 냉정하게 나올 수도 있겠다. "안젤로 박사, 당신은 환자에게 해를 끼치지 않겠다는 맹세를 했음에도 불구하고 나의 목에 구멍을 뚫어 다시는 말을 못하게 했고 위에는 관을 삽입해서 먹는 즐거움을 앗아가버렸소. 당신의 행위에 대해 어떻게 정당화할 것이요? 당신의 아버지라도 똑같이 했을 거요?"

나는 뭐라 변론을 할 것인가? 무슨 말을 할 수 있을까?

여러 해 전에 누군가가 나의 환자와 가족들에게 심부전이나 치매 그리고 암의 말기 단계에 대해 상세히 설명을 하고 시도 가능한 의료적 처치가 무엇인지를 알려줬다면, 어쩌면 그들은 다른 선택을 했을지도 모른다. 어쩌면 이 모든 일을 피할 수 있었을지도 모른다. 그러나 환자가 실제로 겪는 참담함과 그 모습을 지켜봐야 하는 가족들의 고통은 말로써 다 표현할 길이 없을 때가 더 많다. 직접 눈으로 봐야만 믿을 수 있을 때가 있기 때문이다.

Chapter 4

"Where Do We Go from Here?"

제4장

"이제 어떻게 해야 되죠?"

어느 9월의 첫 금요일 오전 8시 정각, 헬렌 톰슨 교수는 미국 시 역사상 가장 훌륭한 문구를 읊을 준비를 했다. 그녀는 앞으로 한 학기 동안 이어질 미국 시 수업의 첫 강의를 시작하려던 참이었다. 젊은 문학도들에게 감동을 선사할 수 있는 시의 세계를 펼쳐 보이는 일이야말로 그녀 스스로 천직이라 여겼다.

> 나 스스로를 찬미하며 노래 부르노니,
> 내가 믿는 것은 당신도 믿으리라,
> 나에게 속한 원자 하나하나 모두 당신에게도 속하기에.

그녀는 오래 가르친 교수들만이 지니는 특유의 침착함으로 강의록을 보지 않고 시 낭송을 하기로 유명했다. 휘트먼, 디킨슨, 프로스트, 스티븐스, 윌리암스, 크레인, 비숍, 레트키 그리고 아몬스 등을 다루는 그녀의 강의는 가장 학구열이 높고 진지한 학생들로만 채워지곤 했다. 하기야 아침 8시라는 이른 시각에 시 수업을 들으러 나올 정도의 대학생이라면 그 열정은 남다르지 않겠는가. 톰슨 교수는 그저 아무나하고 시를 공부할 마음이 없었다. "영혼이 있는 학생을 원합니다. 나의 "풀잎*"이 될 수 있는 학생들 말이에요."

> 나는 한가로이 노닐며 내 영혼을 초대하니,
> 몸을 구부려 마음가는 대로 한가롭게 여름 풀잎의 싹을 바라본다.

새 학기 첫날, 이제 톰슨 교수의 서른한 번째 되는 휘트먼 강의가 다소 예상을 빗나가기 시작했다.

> 나의 혀, 내 핏속의 원자 모두, 이 땅과 이 공기로 형성되었고,
> 나 여기서 태어났고 우리 부모도 여기서 태어났고 부모의 부모
> 또한 마찬가지니…

그러고는 침묵이 흘렀다. 그녀는 정면을 응시했고 학생들은 불안해지기 시작했다. 견디기 어려울 정도로 조용했다. 그러나 영원히 이어질 듯한 일 분이 지나자, 톰슨 교수는 마치 아무런 일도 없었던 듯이 낭송을 이어나갔다.

> 나, 이제 서른일곱의 나이로 완벽한 건강으로 시작하니,
> 죽음이 오는 그 순간까지 멈추지 않기를 바라노라.

---

* 본문에서 인용된 월트 휘트먼의 시 〈풀잎〉을 의미함.

이로부터 9개월 후 내가 헬렌을 처음 만났을 때, 그녀는 이 사건을 기억해내지 못했다. 그녀는 더 이상 학생들에게 감동과 자극을 주기 위해 시 낭송을 하는 자신감 넘치는 교수가 아니었다. 헬렌이 56세의 나이로 병원에 입원했을 때는 진행이 빠른 다형성 아교모세포종 glioblastoma multiforme 진단을 받은 상태로 지름 6센티미터의 뇌종양이 그녀의 머릿속을 짓누르고 있었다. 나비모양의 종양이 점차 팽창하며 평생을 소중하게 품어온 정신적 보고를 일 년도 채 안 되는 시간에 말살시켜버렸다.

나중에 헬렌의 1차 진료기관이었던 대학 내 진료소 의사에게 확인한 결과, 그녀는 그해 진료소를 세 차례 방문했었다. 강의실에서 깜빡했던 사건 직후 진료소를 처음 찾아갔을 때, 헬렌은 일을 너무 많이 하는 것 같으니 강의나 그 밖의 스케줄을 좀 더 느슨하게 조정해볼 것을 권고받았다. 그녀의 스타일을 아는 사람이라면 누구나 동의할 만한 내용이기도 했다. 두 번째 방문에는 근육이완제를 소량 처방받았고 증세가 나아지지 않으면 다시 방문하기로 했으나 그녀는 희미해진 기억력으로 인해 그 충고를 기억하지 못했다. 세 번째 방문에서 담당 의사는 CT 촬영을 지시했고 뇌종양을 발견했다.

신경외과 의사가 곧이어 종양 덩어리에 대한 조직검사를 실시했다. 진단은 분명하게 나왔다. 다형성 아교모세포종이었다. 대부분의 암은 치명적인데 일부는 그 진행 또한 빠르다. 다형성 아교모세포종은 그 중 가장 빠른 편에 속한다.

뇌를 구성하는 세포의 수는 셀 수 없을 정도로 많다. 뉴런이라 불리는 수십 억 개의 신경세포외에 뇌 부피의 절반을 구성하는 것은 수천 조의 신경아교세포glial cells들이다. 신경아교세포는 뇌의 접착제 역할을 하는데(그리스어로 글리아glia는 영어의 접착제인 글루glue를 의미한다.), 뉴런에 영양을 공급하거나 망가진 뉴런을 되살리고 죽은 뉴런을 없애는 등 집안

청소부로 기능한다. 불행하게도 해마다 진단받는 수천 명의 환자들에게 바로 이 같은 신경아교세포들이 거의 모든 형태의 뇌종양의 원인이 되고 있다.

어떻게 보면, 인간의 몸은 부동산과 닮은 점이 많다. 가장 중요한 것이 입지, 입지 그리고 또 입지이기 때문이다. 사람의 몸에서 뇌만큼 중요하고도 제한된 입지는 또 없다. 아마도 그래서 뇌가 철옹성처럼 견고한 장벽인 두개골 안에 놓였으리라. 어떤 종류의 뇌암이든 공간의 협소함으로 인해 그 자체로 위험하고도 치명적인 요소를 갖고 있다. 대도시에서는 공간 문제를 해결하기 위해 고층건물을 지을 수 있지만, 두개골 안에서는 아래쪽 외에는 달리 더 갈 곳이 없다. 종양이 커지면서 뇌의 하부와 척수 부위를 누르게 되는 동시에 두개골 내의 압력도 증가할 수 있다.

다형성 아교모세포종은 빨리, 매우 빨리 진행된다. 증상을 발견할 때쯤이면 이미 종양은 뇌 속으로 퍼져 있고 그 결과 수술로 제거에 성공하는 경우는 극히 드물다. 헬렌의 경우, 종양은 한쪽 뇌의 전두엽에서 자라기 시작했지만 걱정스러울 정도로 빨리 커지고 있었다. 이미 다른 쪽 뇌로도 건너가서 전체적으로 나비 모양을 하고 있었다.

헬렌을 만나던 날, 그녀는 동료 교수들에게 지독한 두통을 호소했다고 한다. 그녀가 구토를 하기 시작하자 동료들이 구급차를 불렀고 응급실로 다급히 이송됐다. 그녀의 뇌는 압력 때문에 말 그대로 짓눌려진 상태였고 당장 생명이 위태로운 상황이었다.

"덱사메타손과 만니톨 바로 투여하세요." 간호사 중 한 사람에게 지시했다. 나는 야간당직자로 이제 막 교대를 시작했던 참이었다. "환자에게 심장모니터 연결해주세요. 베티, 덱사메타손과 만니톨 한 번 더 들어간 건가요? 터드, 응급실에서 찍은 사진 좀 노트북에 띄워주세요. 그리고 누구 이 환자 보호자하고 연락 좀 취해주세요." 간호사들은 정신없이 쏟아지는 지시에 익숙해 있어 신속하게 움직였다. 뇌종양과 관련된 처치는 암과 관련된 수련 중 빈번하게 다루었던 분야였고 모두 일사불란하게 움직였다.

그러나 다형성 아교모세포종은 특유의 흐름을 보였고 헬렌은 조금씩 반응이 느려지기 시작했다. 그래도 바늘이 들어가거나 살짝 자극을 줄 때마다 헬렌은 이따금씩 얼굴을 찌푸려서 여전히 의식이 있음을 알려줬다. 하지만 시간이 없었다. 이제 그녀는 큰 소리로 깜짝 놀라게 해야만 반응을 했다. 응급실에서 필요한 약 처방을 받았던 터라 우리가 할 수 있는 일은 기다려보는 것이었다.

응급실에서 보낸 사진을 보면서, 이토록 아름다운 영상이 어찌 그리도 치명적인가 싶었다.

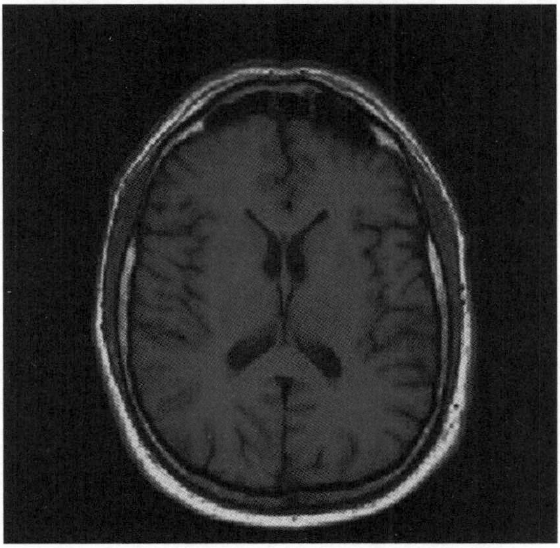

정상 뇌의 MRI 사진: 위에서 바라본 조감도로 시상면상 sagittal view**이라 부른다.**

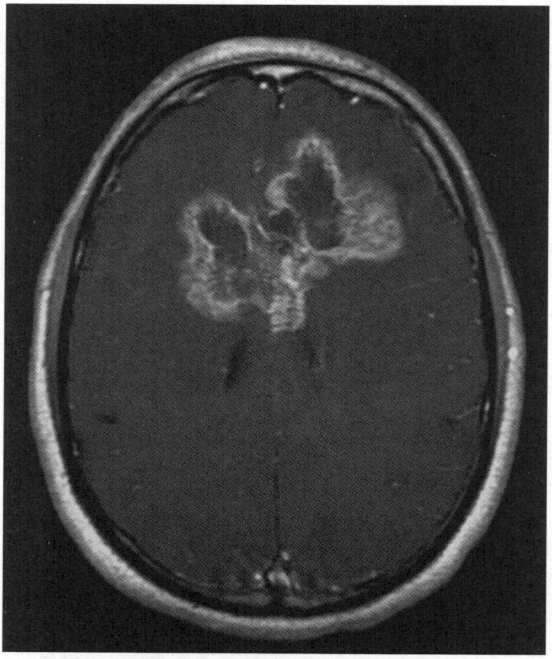

나비 모양의 신경아교종 MRI(시상면상).

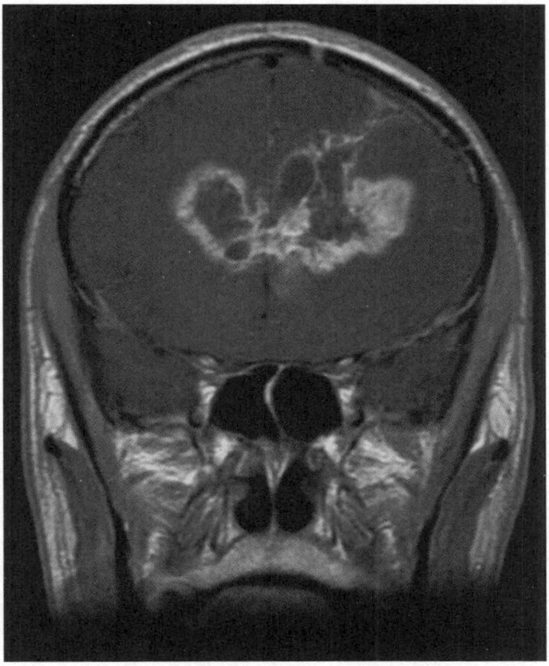

나비 모양의 신경아교종(관상면상): 얼굴을 정면으로 봤을 때 뇌를 수직으로 귀 뒷면으로 자른 사진.

헬렌의 종양은 뇌 속의 염증과 부종을 일으켰고 이로 인해 그간 휘트먼의 긴 시를 문제없이 외울 수 있도록 제 기능을 하던 뉴런과 시냅스들은 일대 혼돈 상태에 빠졌다. 염증을 가라앉히기 위해 스테로이드 계열인 덱사메타손을 썼을 뿐만 아니라 부종을 줄이기 위해 이뇨제인 만니톨을 썼다.

비말기 뇌암 환자의 경우, 뇌 압력을 줄이기 위해 신경외과 의사가 개두술開頭術을 시행할 수 있다. 그러나 헬렌은 말기 환자였다. 종양은 수술이 불가능했고 직전 몇 달간 종양의 크기를 줄이기 위해 방사선치료와 화학요법도 받았지만 아무런 성과가 없었다. 기껏해야 지금 우리가 투여하는 약들은 뇌의 압력을 일시적으로만 감소시킬 뿐이고 개두술도 궁극적으로는 큰 차이를 가져오지 못할 것이다.

"자, 좋습니다" 내가 말했다. "약은 충분히 쓰도록 하세요. 앞으로 한두 시간 안에 효과가 나타나기 시작할 겁니다. 이 환자의 신경학적 상태를 삼십 분마다 체크해주세요. 변화가 있거나 보호자가 도착하면 바로 호출해주세요." 응급실에서 또 다른 환자로 호출이 들어와 더 이상 남아 있을 수 없었다.

몇 시간 뒤, 간호사의 호출로 다시 헬렌을 찾았다. 남편 찰스가 와 있었다. 병실로 들어서니 둘이 손을 꼭 맞잡고 있는 것이 보였다.

일단 나를 소개한 뒤 두 사람에게 상황에 대한 설명을 했다. 덱사메타손과 만니톨이 효과를 내서 헬렌의 두개골 내의 압력은 일단 진정됐다. 그러나 얼마나 오래갈는지.

"좀 어떻습니까?" 내가 물어보았다.

"정말 큰 사건을 겪은 것 같네요. 하지만 이젠 멀쩡한 것 같아요. 언제 다시 학생들과 수업을 시작할 수 있을까요?"

다시 강의를 시작한다고? 지금도 강의를 나가고 있다는 말인가? 그녀의 병이 말기에 이르렀다는 사실을 모르고 있는 건가? 그간 주치의

나 종양학 전문의 또는 신경외과 전문의가 그녀의 병이 앞으로 어떻게 전개될지 얘기해주지 않았다는 말인가?

많은 경우, 병원에 입원하게 되면 상담을 시작한 지 몇 분 이내로 환자와 의사들은 생사와 관련된 논의를 해야 할 때가 많다. 그들은 응급을 요하는 처치를 위해 입원을 하게 된 것이고 이들 환자가 직전까지 만난 1차진료의로부터 임종기 케어에 관한 얘기를 들은 경우는 흔치 않다. 이것은 졸렬하고도 폐해가 크다. 나는 항상 내 환자들의 외래 의사들에게 환자와 임종기 케어에 관한 대화를 시작했는지를 물어본다. 거의 언제나 답변은 '노'이고 결국은 공통적으로 이런 답변을 듣게 된다. "아직 그 부분은 얘기를 못해봤어요. 다음번 방문 때 할 예정이긴 했죠." 그러나, 잠깐. 나는 과연 이들을 탓할 자격이 있는가? 1차진료의에게는 평균적으로 환자 한 명당 14분이 주어진다. 임종기 케어라는 주제를 이 짧은 시간 안에 꺼내는 것이 가능이라도 하겠는가?

중대한 의료적 결정을 내려야 하는 가장 나쁜 타이밍이 바로 환자가 위독하여 병원에 올 때다. 극심한 고통과 때로는 구토를 하는 와중에 끔찍한 느낌들로 환자는 정신이 없고 병원이라는 낯선 공간과 처음 보는 의사들에 둘러싸여 더더욱 혼란스럽기 짝이 없다. 불행하게도, 바로 이때 결정을 내려야 하는 경우가 많다.

이 단계에서 의사는 환자에게 자신이 이해한 의학적 사실을 요약해 주고 가능한 처치를 열거하면서 그에 따른 위험 요인과 장점을 확인하고 마지막에는 꼭 공식과도 같은 다음의 면책 발언으로 얘기를 마무리 짓게 된다. "지금까지의 얘기는 백 프로 정확하진 않습니다. 의학이란 여전히 한편으론 과학이면서 한편으론 예술에 속합니다." 20세기 벽두, 현대 의학의 아버지라 불리는 윌리엄 오슬러William Osler는 의과대학 졸업반 학생들에게 이렇게 말했다. "여러분이 이제 막 입문하려는 삶에서 한 가지 고통스런 지점이라면… 바로 불확실성이라는 것인데 이는 인간의 과학이나 예술에만 적용되는 것이 아니라 바로 우리 스스로 나약한 인간임을 드러내는 우리의 희망과 두려움에도 존재하는 겁니다. 절대적인 진실을 추구함으로써 우리는 불가능을 목표로 하지만 진실의 작은 조각을 발견하는 것만으로도 만족해야 할 때가 있습니다."

오늘날에도 적용되는 말이다. 특정 질병에 관해서는 보다 큰 그림을 봄으로써 현대 의사들이 예후에 대해 정확도를 더 기할 수 있다. 하지만 의학에서 불확실성은 언제나 존재할 것이고, 작은 조각들로 만족해야 하는 상황은 언제나 힘든 것이다.

"헬렌, 지금 앓는 병의 진행과 관련해서 이전의 의사들과 얘기를 나눠본 적 있나요? 혹시 찰스와 함께 종양학 전문의와 따로 만나보셨는지요?"

"아니요, 특별히 그러진 않았어요. 우리는 가능한 모든 방법을 동원해서 열심히 이 암과 싸우는 데 집중했거든요." 그녀가 대답했고 찰스는 고개를 끄덕이며 동의를 표했다.

"뇌종양이 빨리 자라고 있어요." 내가 말했다. "지금 최선을 다해서 크기를 줄이려고는 하는데 지금 쓰는 약들은 임시 처방일 뿐이에요. 불행하게도, 암은 계속 커질 것으로 보입니다."

"아, 이런. 좀 끔찍하게 들리네요. 얼마나 커졌나요?"

아까 의료 팀과 함께 검토했던 헬렌의 뇌 사진이 아직도 노트북 화면에 올라와 있었다. 잠시 망설이다가 나는 헬렌과 남편에게 그 영상을 보여주었다.

"구름 같네요. 내 머릿속이 구름들로 가득하네요. 종양이 이렇게 생겼을 줄은 꿈에도 몰랐어요. 이 엄청난 안개 같은 것들을 머릿속에 두고 내가 어떻게 생각을 하고 살았죠?" 그녀는 한숨을 깊게 쉬었고 그녀의 뺨 위로 한 줄기 눈물이 타고 내려왔다. 찰스가 그녀의 손을 꼭 잡았다.

"이제 어떻게 해야 되나요?" 그녀가 물었다.

이제 어떻게 해야 하는가? 갈 수 있는 길은 두 가지이고 누구나 한 쪽 길만 선택할 수 있다. 최종 도착지는 같음에도 불구하고 말이다. 두 길 모두 똑같이 좋거나 아니면 좋지 않다. 둘 중 더 편한 길도 없고 덜 다닌 길도 없다. 헬렌은 한 번의 결정을 해야 했고, 다른 결정을 내렸을 때 무슨 일이 있을지는 영원히 알 수가 없다.

나의 역할은 헬렌과 찰스에게 길의 지형에 대해 알려주는 것이었다.

"헬렌, 지금 종양이 뇌를 밀고 있어서 치명적인 뇌 헤르니아, 그러니까 탈뇌라고 해서 뇌가 두개골에서 이탈하는 것을 야기할 수 있어요. 약으로 최대한 방지하려고 하지만, 충분하지가 않을 거예요."

어느새 나는 어려운 용어를 동원해서 증상과 처치에 대해 장황하게 설명하고 있었다. "약은 임시 처방일 뿐입니다." 나는 계속 말을 이어갔다. "종양은 계속 커질 확률이 높고 이 같은 처치는 아무런 도움이 되지 않을 겁니다."

"그럼 약이 효과가 없어지게 되면, 선생님께서 더 해주실 수 있는 건 뭔가요?"

"안타깝게도, 방사선치료와 화학요법에 종양이 반응하지 않았고 신경외과 쪽에서는 성과가 없을 것이기 때문에 추가 수술은 시행하지 않을 것으로 보입니다."

침묵이 이어졌다.

나는 헬렌에게 그녀가 기대할 수 있는 것에 대한 정확한 상像을 보여주려 애썼는데 나 자신의 숨이 막혀오자 뭐라도 덧붙일 수 있는 것을 찾기 시작했다. "그러니까 덱사메타손과 만니톨에 반응을 보이지 않고 위독해진 환자들에게는 폐를 과호흡하게 할 수 있는데 그렇게 해서 폐포 내 환기가 증대되면 혈중의 이산화탄소를 낮출 수 있고, 그러면 뇌의 부기를 감소시킬 수 있습니다." 나는 되는 대로 온갖 이야기를 거침없이 늘어놓고 있었는데, 딱 한 가지 진실만은 피해가고 있었다. 헬렌은 말기암 환자이고 죽어가고 있었다는 사실을.

"대안은 뭔가요?"

"그러니까 계속 지켜보면서 약을 처방해볼 수 있습니다. 아무런 불편감이 없도록 필요하면 진통제를 쓸 수 있고요. 그렇게 하면 나중에는 퇴원해서 집에서 남편분과 지내실 수 있습니다."

"마지막엔 무슨 일이 일어나나요?"

"마지막에는 뇌가 압력을 더 이상 견디지 못하면서 혈압이 급격히 올라가고, 폐는 숨쉬기를 정지하고 심장은 점차 느려져서 박동을 그치게 됩니다. 이것을 쿠싱 트라이애드Cushing's Triad 라고 합니다."

이마의 구슬땀이 얼굴을 타고 흘러내렸다. 맙소사, 지금 내가 "쿠싱 트라이애드"라고 말했단 말인가? 나는 의학전문 용어를 방패 삼아 그 뒤에 숨고 있었다. 내가 정말 헬렌에게 말해야 하는 것은, 누가 무엇을 어떻게 하든, 그녀는 조만간 죽게 될 것이라는 사실이었다.

"그럼 마냥 뒷짐 지고 물러나 있지 않아야겠네요. 저 열심히 싸워볼게요. 저를 고치기 위해서라면 선생님께서 뭐든 해주세요. 다음 학기에 가르쳐야 할 학생이 많답니다." 그녀는 이렇게 선언했다. 이 싸움에서 그녀가 무얼 해도 이길 승산이 없다는 것을 눈치채지 못한 듯했다.

마음을 단단히 먹고 열심히 투병을 하면 불치병을 잡을 수 있다는 생각은 우리의 문화적 DNA 속에 깊게 뿌리내린 것 같다. 죽음을 부정하는 것을 포함한 그 밖의 다른 프로메테우스적 야망을 포함해서 말이다. 아직껏 암 생존율과 개인의 성격적 특성 간의 유의미한 상관관계를 드러내준 공식적이고 큰 스케일의 과학적 연구는 나오지 않았지만, 추측건대 제아무리 많은 연구가 나온다 해도, 이처럼 깊게 각인된 믿음을 쉽사리 흔들진 못할 것이다.

암 환자가 죽음과 사투를 벌인다 하면 이는 용감한 행위로 간주되고 만약 그 환자가 충분히, 제대로 싸우기만 한다면 암을 이겨내리라 생각하게 된다. 그런데 실제로 암은 누구에게나 기회 균등하게 죽음을 가져오고 도덕적 가치나 감정적인 힘에 좌지우지되지 않는다. 용기 많은 환자라 해서 생존 확률이 더 높은 것은 아니다. 생존에 성공한 용기 있는 환자의 수만큼 성공하지 못한 용기 있는 환자가 존재한다. 물론 TV 등의 대중매체를 보면 짐작하기 쉽지 않다. 화면 속의 환자는 암과 용감하게 싸워 이기고, 거의 대부분의 환자가 심폐소생술로 살아나고 인공호흡기를 연결해도 끄떡없이 멀쩡해 보이기 때문이다.

1996년 일군의 의사들이 모여 1994년도와 1995년도에 방영된 미국 유명 TV 의학드라마 시리즈 〈이알ER〉, 〈시카고 호프Chicago Hope〉, 〈긴급출동 911Rescue 911〉 등 3개 시리즈의 모든 방송 분량을 시청하고 그 결과를 〈NEJM*〉에 발표했다. 이후 자주 인용 대상이 된 이 연구 보고서에 따르면 해당 시청 기간 중 방영된 총 97개의 프로그램 중 심폐소생술이 60회 등장했다. 심폐소생술을 받은 환자 중 75%가 생존했다.

그러나 암이란 병은 기존의 할리우드식 대본에 따라 움직이는 것이 아니다. 중증 환자 전문의들이 2010년과 2009년에 〈크리티컬케어**〉와 〈NEJM〉에 각각 발표한 연구에 따르면 심폐소생술의 성공률은 환자의 나이와 건강상태에 따라 다르지만 보통 8~18%에 달한다. 여기서의 성공률은 환자들이 병원에서 퇴원 조치됐을 당시 생존해 있음을 의미한다. 그러나 수치 자체만을 보는 것은 정확하지가 않다. 앞의 두

* New England Journal of Medicine.

** Critical Care.

연구는 말기 질환을 앓고 있는 환자나 매우 건강했던 환자를 막론하고 심정지를 일으킨 모든 환자를 대상으로 했다. 보스턴 마라톤을 최근에 완주하고 달리 문제가 없던 65세의 건강한 남성이 심혈관 폐색으로 급작스럽게 심정지를 일으켜도 즉각적인 소생술로 매우 높은 성공률을 보이고, 특별한 만성적인 질환이 없는 건강한 80세 여성도 마찬가지 경우에 해당한다. 심폐소생술은 바로 이 같은 타입의 환자들에게서 높은 성과를 올리고 있다. 그러나 중증 환자에게 심폐소생술을 실시할 경우 상당히 다른 결과가 나타날 수 있기에 성공률이란 수치 자체는 오해의 소지가 크다.

중증 환자가 고려해야 할 보다 중요한 문제는 바로 나 같은 환자의 경우 심폐소생술의 성공률이 어느 정도인가, 내 질병 단계에서 심폐소생술의 성공률이 얼마인가 하는 것이다. TV 프로그램 속의 사람들은 대부분 심폐소생술을 통해 살아나지만, 실제 현실에서 말기 질병을 앓고 있는 환자의 경우는 대부분 해당되지 않는다. 2009년 저명 학술지인 〈SCC*〉에 발표된 한 논문에 따르면, 말기암 환자(바로 헬렌같은 환자를 말한다.)로 심정지 때문에 심폐소생술을 받은 61명의 환자 중 10명(11%)만 살아났다. 이들 환자 10명의 평균 생존 시간은 3시간이었다. 심정지 이후 의식을 되찾거나 살아서 퇴원한 환자는 없었다.

개념적으로 본다면, 매순간 열심히 투병하고 적극적인 생명 연장 처치를 선택하는 것은 가히 존경할 만한 일이긴 하나, 과연 그것이 무엇을 수반하는 것인지 헬렌은 이해를 한 것일까? 그에 따르는 고통에 대해 충분히 숙지를 한 것일까? 예상되는 결과에 대해서는? 헬렌이 예상하기 힘든 것을 실제로 예상할 수 있도록 내가 어떻게 해야 현실적인 상을 제대로 보여줄 수 있을까?

---

* Supportive Care in Cancer.

나는 헬렌과 찰스가 어떤 선택을 하든지 그것을 존중하고 지지할 것이다. 허나 그들이 어떻게든 제대로 알고 선택을 할 수 있도록 확실히 하고 싶었다. "병원 내 한 바퀴 같이 돌아보시겠습니까?" 내가 제안했다.

헬렌의 IV 연결줄과 심장모니터 장치를 조심스럽게 챙겨서 헬렌을 휠체어에 앉히고 이불로 몸을 단단히 감싸줬다. 헬렌의 휠체어를 밀어서 찰스와 함께 엘리베이터를 타고 한 층 위인 중환자실로 향했다. 내가 헬렌의 휠체어를 천천히 밀면서 복도 안쪽으로 이동하기 시작했고 찰스는 조금 떨어진 뒤에서 따라오고 있었다. 한밤중이어서 그런지 아무도 우리를 신경 쓰지 않았다. 특별히 생각해둔 행선지가 없어서 우리 일행은 이 방 저 방을 천천히 거닐며 주위를 찬찬히 살펴보았다.

먼발치에서 헬렌과 찰스는 인공호흡기에 연결된 환자를 보고 혈액투석 중인 환자도 보았다. 외과 의사 한 명이 염증으로 고열에 시달리는 환자에게 요추천자*를 실시 중이었고 다른 의사는 전이성 대장암 환자에게 목 부위의 정맥에 중심정맥관 삽입을 시술 중이었다. 중환자실에서는 일상적으로 발생하는 일들이지만, 헬렌과 찰스는 주변의 모든 상황을 빠짐없이 기록하듯 세심하게 관찰했다.

"코드 블루, 중환자실! 코드 블루, 중환자실!" 별안간 울려 퍼진 방송에, 주변의 간호사들이 달려 나와 우리를 지나쳐 복도 끝의 한 병실로 뛰어갔다. "두 분, 여기서 좀 기다려 주세요." 내가 헬렌과 찰스에게 말했다. 당직 의사로서 나는 중환자실의 모든 코드를 지원할 의무가 있었다. 간호사들이 뛰어간 방향으로 나도 정신없이 달려갔다.

중환자실 전문의가 환자 병상 발치에서 명령을 내리고 있었다. 이미 심폐소생술을 실시한 간호사들이 내게 환자에 대해 몇 가지를 간단

---

* 신경계통 질환의 진단에 필요한 척수액을 채취하거나 약제 주입을 위해 요추 사이에 9~10cm의 긴 바늘을 찔러 넣는 것.

히 보고했다. 환자는 92세 여성으로 전이성 결장암이 많이 퍼진 상태였다. 그날 낮에, 환자 보호자 가족들이 모여서 어떤 치료를 해야 할지 그리고 중환자실에서의 연명치료들이 환자의 상태에 비추어 봤을 때 과연 의미가 있을지를 논의해봤다고 했다. 일단 하루 더 지켜보고 최종 결정을 내리기로 했다고 한다. 애석하게도 환자에게는 시간이 많지 않았다.

나는 흉부 압박을 지원하기 위해 장갑을 착용했다. 중환자실 전문의는 환자의 심장을 뛰게 하기 위해 약을 세 차례 투약했고 흉부 압박을 계속했다. 그가 큰소리로 외쳤다. "중지, 흉부 압박 중지! 이제 맥을 좀 봅시다!"

심폐소생술을 실시 중인 간호사 한 명과 교대하기 위해 막 자리를 바꾸려는데 시야 한쪽 끝에서 낯선 느낌이 들어 고개를 돌려보니 의료진 가운을 착용하지 않는 일반인들이 보였다. 헬렌과 찰스였다. 다른 간호사에게 자리를 내주고 헬렌과 찰스를 데리고 복도 끝으로 걸어가 중환자실을 같이 나왔다.

헬렌의 병실로 돌아오는 길에, 내가 사과했다.

"괜찮아요, 박사님. 생각하시는 것보다 훨씬 더 많은 도움을 주셨어요."

"중환자실에서 어떤 일들이 일어나는지 아셨으면 좋겠다 싶었지 두 분이 코드 블루를 목격하게 하려던 것은 아니었습니다."

"아니, 정말 저힌 괜찮아요. 병원 투어의 마지막 몇 분은 안 봤으면 했지만 환자와 가족들이 병원에서 일어나는 일들을 눈으로 직접 보는 게 중요한 것 같네요. 이런 것일 줄은 상상도 못했어요."

"자, 이제 좀 쉬도록 하시지요." 내가 말했다. "두 분 내일 다시 뵙도록 하겠습니다."

다음 날 이른 아침, 교대 시간이 되자 오전 근무 의사들이 라운지에 들러 야간 환자 차트를 확인했다. 헬렌을 맡을 의사는 아리즈라는 밝고 젊은 사람이었다. "톰슨 교수를 좀 주의해서 지켜봐주세요." 내가 그녀에게 말했다. "지금은 의식이 있는데 얼마나 오래갈지 모르겠어요. 그리고 안타깝게도 담당 의사들이 이제껏 한 번도 치료 목적에 대해 얘기를 나눈 적이 없다고 합니다. 지난밤에는 본인이 열심히 투병하겠다고 의사를 표명했지만 이후 치료 방침에 대해 환자와 남편과 함께 충분히 논의할 수 있도록 해주세요. 오늘 저녁에 내가 돌아와서 다시 구체적인 이야기를 체크해볼게요." 나는 환자 서류에 사인해서 아리즈에게 넘겨주고 밤샘으로 피곤에 지친 몸을 끌고 귀가했다.

그날 저녁 병원에 다시 출근하자마자 헬렌의 병실을 찾아갔으나 비어 있었다. 간호 스테이션에 들러 입원 환자들의 명단을 확인해 보니 헬렌의 이름이 없었다. 아리즈를 급하게 호출했다. 최악의 상황일까 겁났다.

"집으로 퇴원해서 호스피스 케어를 받으시기로 했어요." 아리즈가 보고했다. "종양의 이후 예후와 가능한 치료 방침에 대해 얘기를 나누고 나서는, 집에서 스테로이드로 부기를 관리하시기로 했어요. 가정 호스피스 간호사가 매일 방문해서 불편하거나 통증이 있는지 체크하기로 했고요. 톰슨 교수 제자들이 교대로 스케줄을 짜서 밤샘 간병하고 남편분도 좀 챙겨드리기로 한 모양이에요."

나는 의학적으로 동원 가능한 모든 방법에 대해 너무 몰두한 나머지, 호스피스처럼 헬렌이 선택할 수 있는 대안들에 관해 그녀와 함께 대화하는 것을 놓쳤던 것이다. 의사들은 너무도 자주 의학적 팩트에만 열중한 나머지 개별 나무가 아닌 전체 숲을 조망하는 것을 잊는다.

의료서비스가 치유를 제공하지 못할 때, 호스피스는 치료를 편안한 돌봄이라는 영역으로 전환시켜준다. 그렇다고 환자가 더 이상 의료서비스를 받지 못하는 것을 의미하는 것은 아니다. 오히려 호스피스 팀에는 의사, 간호사, 사회복지사, 상담사, 약사, 성직자 등이 모여 환자가 통증으로 고통 받지 않도록 약과 각종 의료장비 그리고 필요하면 물리치료 등을 제공하면서 환자와 보호자에게 죽음의 영적·정서적 측면에 대한 상담과 지지를 제공한다.

호스피스는 메디케어*, 메디케이드** 그리고 대부분의 민간보험에서 부담하고 있는 항목이다.*** 호스피스 케어는 주로 가정 호스피스의 형태로 환자의 가정에서 이뤄지지만, 가정에서 통증 조절이 힘든 환자나 보호자가 없는 환자라면 병원이나 요양원 또는 호스피스 전담 기관에서 제공될 수 있다.

병이 깊어지기 전에 보다 편안한 완화의료적 접근****으로 치료 방향을 선택한 환자들이 실제로 더 오래 산다는 증거들이 점차 증가하고 있다. 2007년 미국 호스피스완화의료협회NHPCO의 연구자들이 메디케어 말기 환자를 호스피스 케어를 받은 그룹과 그러지 않은 그룹으로 나눠 생존 기간의 차이를 분석한 결과를 〈JPSM*****〉에 발표했다. 이 연구에 따르면, 평균적인 생존 기간의 차이는 약 1개월로, 완화의료를 받은 환자그룹이 더 오래 살았다. 일부 환자군의 경우 그보다 더 오랜 기간을 나타냈는데, 울혈성 심부전 환자는 81일, 폐암 환자는 39일, 췌장암 환자는 21일 그리고 결장암 환자는 33일을 더 살았다. 여기에는 두 가지 주된 요인을 꼽을 수 있다. 첫째, 호스피스에서는 사망 확률을 높이는 적극적인 의료적 처치를 피하고 있고 둘째, 호스피스를 통해 환자들은 달리 제공받기 힘든 다학제 간 케어와 약물을 처방받을 수 있

---

* Medicare, 미국 내 65세 이상 시민권자라면 누구에게나 주어지는 건강보험 서비스.

** Medicaid, 미국 내 저소득층과 장애인에게 주어지는 건강보험 서비스.

*** 현재 우리나라에서는 호스피스·완화의료 입원, 진료비에 대해 부분적으로 건강보험이 적용되고 있다.

**** 저자는 안락함 중심접근(comfort-oriented approach)이라 표현하고 있는데 이는 현재 국내의 완화의료(palliative care)와 유사한 개념으로 통증 등 환자를 힘들게 하는 신체적 증상을 적극적으로 조절함으로써 환자의 삶의 질을 향상시키는 것을 목표로 하는 의료서비스를 의미한다. 이하 완화의료라 통칭함.

***** Journal of Pain and Symptom Management.

었다. 이러한 사실들은 의료계 종사자와 그 밖의 일반 대중 사이에 널리 퍼진, 통증을 완화시키는 약물을 많이 사용하면 죽음을 재촉한다는 인식과는 반대의 결과를 보여주고 있다.

유사한 결과가 2010년 보스턴 매사추세츠 종합병원의 종양학자들이 연구하여 〈NEJM〉에 발표한 기념비적인 논문에도 나와 있다. 폐암 환자 중 조기 완화의료 케어를 받은 이들의 경우, 그렇지 않은 환자군보다 약 25% 더 오래(약 3달) 생존한 것으로 보고됐다. 논문 저자들에 따르면, "호스피스 프로그램에 조기 의뢰된 환자들은 증상을 보다 잘 관리받을 수 있어서 결과적으로는 환자의 상태가 안정화되고 생존 기간을 연장할 수 있다."는 것이다.

완화의료가 조기 사망과 동일시돼서는 안 된다. 위의 논문들에 근거하여 완화의료가 기존의 의료적 처치와 동시에 제공될 수 있도록 새롭고 혁신적인 호스피스 케어 모델이 개발되고 있다. 이 분야에서 향후 더 많은 연구가 이루어지면서 죽음이 임박한 환자들에게 어떻게 더 나은 케어를 제공할 수 있는지에 대한 더 많은 혜안이 나오리라고 본다.

아리즈의 입으로 헬렌의 선택을 전해 듣고 나는 잠시 말문이 막혔다.

"선생님이 처음으로 솔직하게 환자분에게 종양이 치료되기 힘들다는 말을 해주신 분 같더군요." 아리즈가 내게 말했다. "환자분과 남편은 병원에서 나와 집에서 편안하게 가능한 오랫동안 같이 시를 읽고 싶다고 했습니다."

나도 모르게 참았던 숨을 내쉬었다.

"중환자실 투어에 대해서도 언급을 하셨어요," 아리즈가 말을 이어 나갔다. "그리고 그걸 통해서 선생님이 얘기하고자 하는 바를 이해하는 데 정말 도움이 많이 됐답니다. 대신 작별 인사를 전해드리고 감사하다는 말 부탁했습니다. 저는 선생님께서 이분들을 중환자실로 데려간 것이 정말 잘한 일 같아요. 정말 좋은 일이었어요."

나는 연간 수백 명의 환자들을 보기에 이들이 이후 어떻게 됐는지에 대해 항상 알고 있지는 못하다. 수많은 환자들의 퇴원 후 근황을 일일이 체크하기란 거의 불가능하다. 환자들이 어떻게 됐는지 모른다는 것은 마치 책을 한 권 읽기 시작하다가 마지막 장을 영원히 읽지 못하거나 영화 한 편을 감상하다가 결말 부분을 채 보지 못하고 끝내는 것과도 같다.

아리즈와 대화를 나누고 몇 주가 지난 어느 주말 아침, 모처럼 여유롭게 신문을 읽다가 기사 제목 하나가 눈에 들어왔다. 저명 학자, 헬렌 톰슨, 향년 56세를 일기로 별세하다. 톰슨 교수의 옛 제자가 쓴 부고 기사는 무려 3단의 길이로 그녀의 눈부셨던 생전 업적에 대해 진심어린 존경을 표하고 있었다. 하지만 내가 눈여겨본 대목은 기사 첫 몇 줄이었다. "유명 학자 헬렌 톰슨 교수, 어제 자택에서 별세. 향년 56세. 사인은 뇌암."

그녀는 집에서 남편과 함께 월트 휘트먼의 작품에 둘러싸여 숨을 거둔 것이다. 헬렌은 마지막 소원을 성취했다.

∞

호스피스가 누구에게나 적용되는 것은 아니다. 어떤 환자들은 조금이라도 시간을 벌기 위해서라면 극심한 통증과 고통, 그리고 각종 불편함도 기꺼이 감수한다. 위중한 병 앞에서 생명 연장 치료를 선택한다. 그리고 때로는 이 같은 방법이 실제로 환자의 생명을 연장시켜준다. 내가 이를 깨닫게 된 것은 헬렌 톰슨 교수를 만나고 얼마 지나지 않아서다.

일라이자 존스는 79세 남성으로 미국 최남단 지역 농장 노예의 후

손 출신이다. 그가 신부전과 심장 문제 그리고 그 밖의 각종 질병으로 죽음이 임박한 상황에 직면하자, 가능한 치료 방침의 성공 확률을 가늠해보고는 색다른 선택을 했다. 그는 모든 것을 원했다.

당시 존스 씨가 그의 가능한 치료 방침에 대해 듣고 곧바로 답변했던 속도에 나는 무척 놀랐다. 그의 나이에 투석을 시작한다는 것은 쉽게 결정할 일이 아니었다. 두 번의 심장마비와 한 번의 뇌졸중으로 그는 이미 요양원 신세를 져야 했다. 그가 건강하고 심장 문제만 없다면 그 나이에도 투석은 당연한 선택이었겠지만 그는 건강한 노인이 아니었다. 뇌졸중으로 쇠약해졌고 혼자 걷거나 옷을 갈아입을 수도 없었으며 약한 심장 때문에 끊임없이 숨이 차는, 만성질환자였다.

그러나 험난했던 그의 지나온 삶 속에서 그는 더 나쁜 상황에 수도 없이 처했었다. 그의 말에 따르면, 그는 이미 오래전에 죽었어야 했다. "이보게 의사양반, 나는 전에도 죽을 만큼 고생을 해봤다오. 하나님이 기회를 한 번 더 주신 거라 생각한다오. 더 살 수 있다면 무엇이든 할 준비가 돼 있소. 이보다 더 어려운 상황도 겪어봤다오."

나는 그가 보여주는 회복 탄력성이 진심으로 존경스러웠다.

일라이자 존스는 미국 역사상 가장 격동기인 시대에 태어나 살았다. 인종차별이 깊게 뿌리내린 남부에서 20세기의 초반과 중반을 살아온 것은 그 자체로 험하고 고된 일이었을 것이다. 언어 및 신체적 폭력은 흑인들에게는 일상적인 삶의 한 부분이었다. 일라이자는 유년 시절 학교에서 집까지의 먼 하굣길이 곳곳의 적대적인 이웃들 때문에 몸서리치게 싫었지만 꿋꿋하게 다녔다고 한다. 그와 그의 가족이 교육이야말로 더 나은 삶을 위한 유일한 희망이라고 여겼기 때문이다. 고등학교를 1등으로 졸업하고 지역 전문대학에서 공학 학위를 받았음에도 그가 취직할 수 있었던 곳은 고작 동네의 작은 식당 내 즉석요리 요리사 자리였다.

1960년대 민권 운동이 불거질 무렵, 일라이자는 어느 정도 자리를 잡아서 실내 화장실도 없는 판잣집이긴 해도 자신만의 집을 갖게 됐다. 1970년대 초반이 되자, 외동딸을 멀리 북동 지역으로 유학 보내서 더 좋은 교육과 삶을 추구하도록 했다. 일라이자 본인은 못했지만 적어도 딸만큼은 꿈을 이루고 살기를 원했다. 그가 딸과 함께 남부를 떠나지 않은 것은, 그 스스로 오래 살지 못할 것이라 생각했기 때문이다.

일라이자가 자라면서 참석했던 침례교회의 수많은 장례식에서 고인의 나이는 오늘날의 기준에 비교하면 상대적으로 젊은 나이라 할 수 있는 50대가 대부분이었고 60대도 가끔은 있었다. 그는 자신이 65세를 넘기리라고는 상상하지도 못했기에 월급날마다 사회보장연금과 메디케어 세금을 내야 하는 것이 안타까울 따름이었다. 혜택을 받지 못할 것이 뻔했으므로. 그의 부인이 59세의 나이에 치명적인 뇌졸중으로 사망하자, 자신이 다음 차례임을 확신했다.

그는 생애 대부분 동안 고혈압에 대한 주의를 받았지만 일상적인 건강관리나 약품을 구입하기에는 형편이 어려웠다. 그가 65세에 이르러 드디어 메디케어의 수급 자격이 생겼을 때는 이미 너무 늦어버렸다. 그의 심장, 뇌 그리고 신장이 나빠지기 시작했다. 이후 십 년 동안 그는 두 번의 심장마비와 한 번의 뇌졸중을 일으킨 끝에 심장이 제대로 혈액을 펌프질하기엔 너무 약해졌고 그의 몸의 좌측 또한 쇠약해졌다. 그의 딸은, 이제 북동 지역의 명망 있는 교수로 성장하여 몇 주마다 한 번씩 찾아와 간병을 하다가 결국은 아버지를 근처의 요양원으로 모셨다. 최선을 다해 아버지를 돌보고자 하는 딸의 필사적인 노력에도 불구하고, 비행기를 타며 오가는 간병 스케줄은 갈수록 조율하기 힘들었고 종국에는 그녀가 사는 북부 지역에서 가까운 요양원으로 아버지를 옮겨왔다.

일라이자는 차츰 요양원에서의 생활에 적응해나갔지만 얼마 지나지 않아 예전처럼 소변을 보지 못하게 됐다. 식사를 절반 이상 남기기 시작했고 대부분의 시간을 침대에 누워 보내곤 했다. 요양원 의사에게 의뢰가 돼 혈액검사를 실시한 결과 문제의 원인이 드러났다. 바로 신장이 제 역할을 못하기 시작한 것이다. 그는 추가 검사를 위해 병원에 입원하게 됐고 내가 그의 담당 의사가 돼 향후 치료 방향의 책임을 맡게 됐다.

"안녕하세요, 존스 씨. 제 이름은 안젤로 볼란데스입니다. 식사 중에 죄송합니다만, 제가 담당 의사입니다." 그의 점심 쟁반을 옆으로 치워놓고 침대 가까이 의자를 끌어와서 대화를 시작했다.

"예, 선생님. 만나서 반가워요."

"존스 씨 본인에 대해 좀 더 소개해주시죠? 남부 쪽 억양이 있으시더군요. 이 근방에서 사시는 분은 아니시죠?"

일라이자는 남부에서 그가 살아온 삶에 대해 말문을 열기 시작했다. 그의 아내, 외동딸 그리고 남부 지역의 유명한 튀김요리, 지금도 그리운 젊었을 때의 그 은은한 한여름 밤들 그리고 그의 교회 신도들의 굳건한 동료애 등.

"지금은 존스 씨를 행복하게 해주는 것들이 주로 무엇입니까?"

"저는 주님을 사랑하고 교회 가는 것을 좋아하는데 더 이상 가지 못하지요. 하지만 찬송가는 혼자 들을 수 있어요. 그리고 살아 있는 하루하루가 제게는 은총이에요."

"존스 씨께서 앞으로 선택할 수 있는 치료에 대해 오늘 저와 같이 이야기를 나눠보고 나중에 가족분들하고 논의해보는 것이 어떨까 싶습니만."

"이제는 딸뿐이지요. 하지만 저는 선생님이 하라는 대로 뭐든 하겠습니다. 의사는 당신이니까."

나는 그에게 신장이 정상적인 기능을 하지 못한다고 설명해줬다.

"제대로 기능을 못하는 것은 그 외에도 다른 부분도 많다오."

"문제는, 존스 씨 신장이 혈액을 청소하는 역할을 중단한다면, 죽을 수도 있어요. 저는 신장의 문제를 일으키는 원인을 살펴봐서 우리가 고칠 수 있는 부분을 찾으려 했습니다만, 신장 문제는 좀 오래된 것 같더군요. 지금 신장이 기능을 못하기 시작했는데, 제 생각에는 앞으로 무엇을 해야 할지에 대해 생각을 해봐야 할 것 같습니다. 제가 이야기했으면 하는 것은 투석 외에 다른 옵션에 대해서도 검토해보고, 저와 함께 어떤 방향으로 나갔으면 하시는지를 결정해보는 것입니다."

투석에는 엄격한 스케줄이 수반된다. 일반적인 치료 계획은 매회 약 세 시간이 소요되는 투석 일정을 매주 세 번 소화해야 한다. 방문할 때마다 환자는 팔 부위에 바늘을 꽂아 피를 뽑아내어 투석기로 보내는 동안 투석기에 연결돼 있어야 하는데, 이를 위해 사전에 수술을 통해 투석접근로를 확보하는 수술을 받아야 한다. 혈액이 투석기로 여과되면서 노폐물이 걸러지고 다시 다른 바늘을 통해 환자의 몸으로 들어가게 된다.

거의 40만 명에 달하는 미국인들이 투석치료를 받으며 일상생활을 영위하고 있다. 나는 그간 많은 환자들이 투석치료를 문제없이 받아온 것을 지켜봤고 환자 중에는 일라이자보다 나이가 많은 사람들도 있었다. 그러나 비록 수천 명이 투석치료를 통해 긍정적인 결과를 경험한다 해도, 여러 개의 질환을 갖고 요양원에 거주하는 노약자들의 경우, 투석치료 이후 예후가 좋지 못하다는 증거들이 점차 증가하고 있는 실정이다. 2009년 〈NEJM〉에 방대한 양의 논문이 발표됐는데, 신장전문의들이 3천 명 이상에 달하는 요양원 거주자를 대상으로 투석치료 시작 후 12개월 동안 관찰했다. 1년이 끝나갈 무렵, 58%가 사망했고 87%가 걷기, 침대에서 일어나기, 목욕하기 그리고 화장실 다녀오기 등과 같은 일상적인 활동에서 눈에 띄게 지속적인 감퇴를 보였다. 투석을 통해서 일부 환자들은 생명을 연장할 수 있지만 육체적·정신적 기능을 보존해주지는 못한다. 이에 따라 환자들은 일상생활을 영위하는 데 있어 점차 남의 도움을 더욱 필요로 할 수밖에 없다. 이 사이에서 균형을 잡기란 쉽지 않다.

노약자 환자들에게 투석이 도움이 되지 않을 수 있음을 보여주는 증거들이 많아지면서 투석에 대한 정부의 가이드라인이 확연히 바뀌었다. 새로운 지침에 따르면 75세 이상의 환자 중 복수의 중대한 질환을 갖고 기본적인 일상활동을 수행할 능력이 없는 이들에게는 투석을 하지 말라는 것이 권고 사항이다. 다시 말해서, 바로 일라이자와 같은 환자가 이에 해당한다.

가이드라인을 내놓은 대표적인 인물은 앨빈 우디 모스Alvin Woody Moss 박사로, 투석에 대한 의사 결정에 관해 국제적으로 명성이 높은 전문가다. 나는 그에게 일라이자와 같은 환자의 경우, 위원회에서 어떻게 지침을 바꾸게 되었는지 물어봤다. "노인 환자가 투석을 시작했을 때 많은 경우, 잘되지 않았음을 보여주는 증거들이 점점 모이기 시작했지요. 복수의 만성질환과 좋지 못한 예후를 가진 노인 환자가 투석을 할지 말지의 결정은 환자와 의사가 머리를 맞대고 같이 내려야 합니다. 자신의 상태에 대해 충분한 정보를 가진 환자가 평소 지니던 가치와 선호도와 여기에 의사의 권고 사항이 합쳐져서 최종 결정이 나오는 것이지요. 투석은 다른 의료적 처치와 다를 바가 하나도 없습니다. 현재 통용되는 가장 최신의 의료서비스 가이드라인이 강조하는 것은 무엇보다도 정보가 충분히 주어진 상황에서 동의를 얻는 포괄적인 절차의 중요성입니다. 여기에는 확보할 수 있는 최선의 증거가 뒷받침돼야만 합니다." 이제 일라이자와 함께 의사 결정을 할 때가 온 것이다.

현재 그의 삶에서 가장 중요한 것이 무엇인가에 대해 알아본 후, 나는 일라이자에게 투석의 절차에 대해 가능한 자세히 설명했다. 투석센터에 매주 수차례 가야 하는 일정과, 그의 팔에 수술로 투석접근로인 동정맥루*를 만들어야 하고, 이를 사용할 수 있을 때까지 잠정적으로 목에 꽂아야 할 카테터, 그리고 그와 같은 환자들의 생존 통계도 알려줬다. 그 다음, 투석 대신 선택할 수 있는 대안에 대해 소개했다.

"투석 없이 최대한 편안하게 느끼실 수 있도록 집중할 수 있습니다. 여기서는 삶을 연장하기보다 무엇보다도 삶의 질에 초점을 맞추는 것이지요. 의료진들은 전과 마찬가지로 존스 씨를 돌봐드리고, 신장 문제를 완화하고 그 밖의 증세를 관리할 수 있도록 필요한 식단을 챙겨드리고 약품을 처방해드릴 수 있습니다."

"투석을 안 하면 얼마나 살 수 있겠소?"

그는 얼마나 더 오래 살 수 있을까? 이 질문은 항시 가장 대답하기 힘든 것 중 하나다. 특히 일라이자처럼 신장이 나빠지는 상황이라면 말이다. 신장이 악화일로를 걷는 환자라 할지라도 최소한의 신장 기능이 유지되기는 한다. 환자가 얼마나 오래 살 수 있는지는 사람마다 편차가 크다. 어떤 이들에게는 단지 몇 주만이, 다른 이들에게는 몇 달이 그리고 또 다른 이들에게는 그 이상도 가능하다. 실제로, 저명한 풍자 칼럼니스트였던 아트 버크왈드Art Buchwald**는 투석 중단으로 세인의 관심을 한 몸에 받기도 했다.

버크왈드가 신장 문제로 받던 투석치료를 중단한 것은 그의 나이 80세 때다. 매주 투석센터에 가야 하는 번거로운 스케줄과 지켜야 하는 엄격한 식단이 너무 힘들다는 이유였다. 대신 그는 평소 원했던 대로, 나트륨과 칼륨이 가득한 패스트푸드를 마음껏 먹고 즐기기로 했다. 당

* 혈액투석을 위한 혈관 통로를 확보하기 위해 동맥과 정맥을 연결하는 수술. 주로 팔 부위를 수술하게 된다.

** 아크 버크월드(1925~2007): 미국의 저명한 신문 칼럼니스트이자, 정치·사회 풍자가 겸 유머작가. 1982년에 비평 부문으로 퓰리처상을 수상했다.

시 그는 기껏해야 1주일, 또는 2주일 정도 더 살 거라 예상했다. 그런데 몇 주가 몇 달이 됐다. 심지어 그가 다시 칼럼을 쓸 수 있을 정도로 신장이 회복되어, 유머러스한 그의 칼럼이 다시 나오기 시작했을 뿐만 아니라 그의 경험을 나눈 책까지 출판하기도 했다. 그러나 나이 앞에 장사 없다고 했던가. 그가 투석 중단을 선언한 지 거의 1년이 되던 날, 아들 집에서 숨을 거뒀다. 버크왈드는 통계적 아웃라이어에 속했던 걸까? 일라이자도 그럴 가능성이 있을까? 내겐 불확실하기만 했다.

"확실히 말씀드리기 어렵습니다. 예측하기 정말 쉽지 않습니다. 어떤 분들에게는 몇 주가 될 수 있고 다른 분들에게는 몇 달 그리고 운이 좋은 몇 분들은 더 오래 사실 수도 있습니다."

"이제 그럼 어떻게 해야 하는 겁니까?"

"그러니까, 무엇을 원하시는지에 따라 다르겠습니다. 질이냐 양이냐의 문제입니다. 삶의 질에 초점을 맞추고 싶으신가요, 삶의 길이에 초점을 맞추고 싶으신가요? 삶의 질을 우선시한다면, 동맥정루 수술과 투석 바늘 문제 그리고 매주 세 차례 투석센터에 오가는 것을 피하는 것이 보다 나은 삶을 의미할 수 있지만 삶의 기간은 짧아질 겁니다. 그러지 않고, 남은 날들의 길이가 더 중요하시다면, 투석을 통해서 혈액 속의 노폐물을 깨끗이 할 수 있고 그렇게 해서 가능한 더 오래 사시길 기대해볼 수 있지요. 그러나 제가 이미 말씀드렸다시피, 연세가 높고 여러 질환을 갖고 요양원에 계시는 분들 중에는 투석이 항상 해답은 아닌 경우가 있습니다. 대개 감염이나 혈전 같은 합병증들이 일어나는 경우가 많습니다."

"투석을 어떻게 하는지 한번 볼 수 있겠소?"

일부 투석센터는 환자들에게 병원 시설 투어를 제공한다. 그렇게 해서 환자들은 병원 의료진을 미리 만나보고 투석치료를 받기에 앞서 오리엔테이션을 받기도 한다. 나는 사전 오리엔테이션을 위해 해당 부서에 전화를 걸었다. 이번 투어는 지난번 헬렌 톰슨 교수 때와는 달리 큰 사건 사고는 없을 것이다.

주변의 도움을 받아서 나는 일라이자를 휠체어에 앉게 하고 뒤에서 그를 밀며 투석센터로 향했다. 마침 점심시간이어서 환자가 없다 보니 그곳의 분위기는 뭔가 낯설고 으스스한 느낌마저 들었다. 방의 절반은 등받이와 발판을 조절할 수 있는 푸른색 1인용 리클라이너 소파가 차지하고 있었고 리클라이너 소파마다 투석용 바늘을 위한 넓은 팔걸이가 장착돼 있었다. 환자들이 앉을 이 안락의자의 한쪽에는 작은 텔레비전이 있었고 다른 쪽에는 큰소리로 윙윙거리는 투석기가 배치돼 있었다. 방의 나머지 공간은 안락의자 없이 투석기만 일렬로 서 있었다. 이 공간은 곧 시간이 되면 들것에 누운 환자들로 가득할 것이다. 이 환자들은 세 시간 동안 앉아 있을 정도의 기력이 없는 사람들이다. 일라이자는 아마도 이 그룹에 속할 가능성이 높다.

투석센터 간호사 한 명이 다가와 일라이자에게 기본적인 투석 방법과 유의 사항에 대해 설명했다.

"바늘 좀 볼 수 있어요?" 그가 물었다.

간호사가 플라스틱 케이스에 들어 있는 살균 처리된 투석 바늘을 포장지 채로 갖고 와서 보여줬다. 투석 바늘은 병원에서 일반적인 채혈을 위해 쓰는 바늘보다 더 두껍고 약 2~3센티미터 더 길다.

"이것 갖고 그 난리를 떠는 거요?" 일라이자에게 바늘은 큰 문제가 아니었다.

우리는 다시 그의 병실로 돌아왔다. "좀 더 시간을 갖고 생각을 해 보시지요." 내가 말했다. "굳이 오늘 꼭 결정을 내리실 필요는 없습니다. 가능하면 따님과도 얘기해보시고, 내일 아침 저랑 다시 말씀 나누시지요."

그러나 그는 이미 마음의 결정을 내렸다.

“할 수 있는 것은 다 하고 싶어요.”

다음 날 아침, 이번에는 딸이 동석한 가운데 일라이자를 만났다. 딸은 투석에 대해 조심스러워했고 무엇보다도 일라이자처럼 연로한 환자들에게 나타나는 투석 통계 결과를 걱정했다. 투석을 시작한 지 1년 만에 환자의 절반 이상이 사망하고, 아직 생존한 환자들 또한 일상생활에 장애가 있다면 차라리 삶의 질에 초점을 맞추는 것이 어떨까? 우리는 같은 생각으로 서로를 쳐다보았다. 그러나 그녀는 아버지의 뜻을 존중하기로 했고 결국 우리는 일단 시험 삼아 투석을 해보고 이후 어떻게 할지를 결정하기로 했다.

며칠 후, 외과에서 투석바늘의 통로를 위한 동정맥루 수술을 시행했지만 이를 사용할 수 있기까지 몇 달은 기다려야 했다. 그 사이에 투석을 시작하기 위해 일라이자 목 부위에 중심정맥관이 삽입됐다. 치료 첫 주에 일라이자는 입원해서 초기 치료를 받았고 그 후에는 원래의 요양원으로 퇴원 조치됐다. 그의 팔에 누공이 치료되자, 목 부위의 카테터는 제거되고 팔 부위의 동정맥루를 통해 투석치료를 받기 시작했다.

이후 약 14개월 동안, 전반적으로 치료는 잘 이뤄졌다. 일라이자는 투석기계가 윙윙거리며 그의 핏속 노폐물을 제거하는 동안 그가 좋아하는 찬송가를 즐겨 듣곤 했다. 그러다가 합병증이 발생하기 시작했고 동정맥루가 혈전으로 막히기 시작했다.

그는 다시 병원에 입원했다. 담당 의사들이 일라이자의 사타구니 부위에 임시 카테터를 삽입했다. 그는 병원에서 투석을 계속 받았지만 곧 열이 나기 시작했고 반응을 안 보이기 시작했다. 사타구니 부위의 카테터에 감염이 발생했던 것이다. 그는 중환자실로 이송됐고 약한 혈압 문제로 집중 관리 대상이 됐다. 그는 혈압을 안정시키기 위해 항생제와 각종 약들을 처방 받았다.

중환자실에서 일라이자는 거의 의식이 없었다. 간호사는 그의 침대 머리에 라디오를 갖다 놓고 항시 찬송가를 들을 수 있게 해줬고 그의 딸은 매일 밤 문병을 왔다. 일라이자가 중환자실에 있은 지 몇 주가 지난 뒤, 그의 딸이 그를 대신해서 결정을 내렸다. 이제 하나님이 일라이자를 부르고 계신 것이다. 어느 토요일의 늦은 아침, 투석기계도 항생제도 혈압약도 모두 제거되고 일라이자가 편안할 수 있도록 하는 데만 초점을 맞췄다. 며칠 후, 일라이자는 딸 곁에서 평소 그가 제일 좋아하던 음악을 들으며 마지막 숨을 거뒀다.

THE CONVERSATION

A REVOLUTIONARY PLAN FOR END-OF-LIFE CARE

Chapter 5

“If a Picture Is Worth a Thousand Words···”

제5장

"천 마디 말보다 한 번 보는 것이 낫다면…"

이미 언급했다시피, 삶의 마지막 시기의 의료적 처치에 관해서 무엇이 옳고 무엇이 그른 결정인지 판가름할 필요는 없다. 더 중요한 문제는 충분한 정보를 갖고 선택을 할 수 있는가 여부다. 헬렌 톰슨은 집에서 남편과 함께 좋아하는 책들을 가까이 하기 위해서 치료를 중단하고 퇴원을 선택했다. 반면 일라이자 존스는 조금이라도 더 오래 살 수 있다면 수술이든 투석이든 감염이나 카테터 등을 막론하고 어떤 일도 적극적으로 받아들였다. 통계표는 수많은 기준점을 제시하지만 환자에게 가장 중요한 것은, 결국 자신만의 기준점이다. 그리고 일라이자는 통계상 복권에 당첨된 것이나 다름없었다.

중증 환자가 의료적 처치를 받는 것이 여전히 유효한 지점에 있는지 아니면 그 같은 의료적 개입이 죽음의 시기를 연장시킬 따름의 단계에 이르렀는지는 흔히 개인적 판단에 따라 다르다. 헬렌이나 일라이자, 그리고 내가 진료했던 다른 수많은 말기 환자들에게 내가 해줄 수 있었던 최선은 그들이 자신의 치료 방침에 대해 충분히 이해를 하고 선택을 할 수 있도록 하는 것과 아울러 나 또한 그들이 현재 개인적인 삶의 여정 중 어디쯤 위치하는가를 이해하는 것이었다.

중환자실과 투석센터 투어가 헬렌과 일라이자에게 도움이 됐던 것에 착안해서 나는 환자와 보호자 가족들을 대상으로 병원 투어에 개인적으로 나서기 시작했다. 이 투어는 주로 병원이 조용해진 뒤인 밤에 이뤄졌다. 환자의 상태가 너무 좋지 않은 경우에는 가족들을 대신 중환자실로 데려갔다.

나는 병원 투어를 통해 환자와 가족들에게 산소호흡기, 투석기계, 형형색색의 모니터 장치가 있는 빈 병실 그리고 먼발치에서 중환자들을 볼 수 있게 했다. 다양한 질병을 앓는 환자들의 일반적인 예후에 대해 논의하기도 했다. 간질환 말기의 환자가 심폐소생술을 견딜 가능성은 어느 정도인가? 진행성 폐질환을 앓는 말기 환자는 산소호흡기를 제거할 수 있을 것인가? 뇌졸중 환자가 중환자실 외에 선택할 수 있는 대안은 무엇인가? 이 같은 논의들은 내가 의사로서 가져본 대화 중 가장 진지하고도 유익한 것이었다. 나는 더 이상 추상적이고 어려운 의학용어 뒤에 숨지 않았다. "생명 연장 조치"나 "치료 목적의 완화의료"와 같이 이해하기 힘든 말도 사용하지 않았다. 내가 가진 대화는 구체적이고 현실적이었다. 골치 아픈 의료적인 세부 사항들도 모두 드러내 보였다. 내가 진행하는 병원 투어는 직접 보여주며 설명하기와 마음 터놓고 대화하기를 동시에 각각 시도하는 셈이었다. 환자나 가족들은 누구든 빠짐없이 잠시 멈춰 서서 나를 쳐다보며 다음과 같은 반응을 보였다. "바로 이런 걸 말씀하신 거였나요? 상상도 못했었어요" 또는 "선생님이 얘기하신 건 이해했었는데 지금 이건 제가 생각했던 게 아니에요." 또는 "텔레비전에서 본 거랑 정말 다르네요." 등등.

투어를 하고 나서, 어떤 환자들은 본래의 선택을 그대로 유지하기도

하고 어떤 환자들은 마음을 바꾸기도 했지만 어느 축에 속하든 이들은 자신의 결정에 대해 보다 더 확신을 갖고 가능한 모든 치료를 받는 쪽으로 결정하거나, 완화의료적 접근을 알아보거나 또는 이 둘 사이의 중간 지점을 선택하곤 했다. 중환자실 투어가 혁신적인 방법임에는 틀림없었으나 중환자실 간호사들의 생각은 달랐다.

중환자실 스태프들 또한 내가 하는 투어가 상당 부분 교육적인 효과가 높고 실제로 환자와 가족들이 그 덕분에 보다 더 많은 이해를 기반으로 의료적인 결정을 할 수 있다는 점에는 동의했다. 하지만 그들에게는 중환자실 환자가 우선이었다. 그리고 그들의 입장은 정당했다. 비록 내가 하는 투어가 항상 먼발치에서 진행되긴 했지만 누군가 나의 투어로 인해 중환자실 환자들의 병원에 대한 신뢰와 비밀 보장이 위협받는다고 충분히 지적할 수 있었다. 중환자실 투어는 순식간에 시작 되었던 것과 마찬가지로, 결국 순식간에 종료됐다. 환자들이 본인들의 임종기 케어에 있어 무엇을 목표로 할지에 대해 나와 함께 논의하는 데 병원투어가 큰 역할을 한 것은 분명했으나 환자의 정보 보호 문제를 어떻게 피할 수 있을 것인가? 투어가 불가능하다면 동영상을 보여주는 것은 어떨까? 오늘날 미국의 병원에서 죽는다는 것이 정확히 어떤 의미인지 환자와 가족들이 이해하도록 돕기 위해 나는 비디오를 제작하기로 했다.

∞

엄격한 아일랜드 가톨릭계 노동자 계층 출신인 톰 캘러핸은 보스턴에서 9남매의 막내로 태어났다. 그와 테드 케네디Ted Kennedy*는 불과 몇

* 테드 케네디(1932~2009): 미국의 35대 대통령인 존 F. 케네디의 동생. 아일랜드 이민계 출신으로 9남매의 막내로 태어나 미국 상원의원을 지냈다. 이민, 투표, 의료보험, 장애인 등 인종차별 철폐와 사회복지 정책 등을 주창했다.

개월 차이로 도체스터 지구의 세인트 마거릿 병원의 같은 병동에서 태어났다. 그러나 이후 70년 동안, 두 사람은 전혀 다른 길을 걸었다.

케네디가 그 유명한 밀튼 아카데미와 하버드 대학교를 다녔다면, 톰은 지역의 주립 전문대학에서 고등교육 과정을 이수했다. 미국의 가장 존경받는 가문 출신인 케네디는 주목받는 정치인이 돼, 거의 50년에 걸친 상원의원 활동으로 '상원의 사자Lion of the Senate'라는 별칭을 얻었다. 톰은 배관공이 되어 블루칼라 동네에서 힘겹게 하루하루 일했다.

그러나 이 두 사람이 모두 시편 90장 10절에 약속된 인생 70년을 넘기자, 이 둘의 삶은 또다시 같은 길목에 들어섰다. 톰과 테드는 둘 다 진행성 뇌암 판정을 받았고 의료적 처치와 관련해서 동일한 결정을 내려야 하는 상황에 직면했다.

어려서부터 시간을 엄수하는 가정환경에서 자란 톰은 병원 진료 시간에 늦는 법이 없었고 진료에 들어가기 앞서 항상 자신과 가족과 담당 의사를 위해 기도했다. "하여 우리에게 날수를 제대로 헤아릴 줄 알게 하시고 우리의 마음이 지혜에 이르게 하소서." 그의 곁에는 48년을 함께한 부인 테레사와 누이 아그네스가 수호천사처럼 그를 지키고 있었다.

아내와 누나는 병원 진료 때마다 빠짐없이 동행했고 맹렬한 낙천주의로 무장해서 톰의 기분을 북돋아주곤 했다. 그러나 톰은 특유의 사려깊은 현실주의와 실용주의로 자신의 예후에 대한 가족의 기대를 누그러뜨릴 줄 알았다. 그는 내가 2년이 넘는 시간을 들여 제작한 나의 첫 의료비디오의 관객으로 최적격이었다.

내가 톰을 만나기 8개월 전, 그는 다형성 아교모세포종 진단을 받았는데 이는 헬렌의 목숨을 앗아간 것과 같은 뇌종양이었다. 고강도의 방사선치료와 화학요법이 톰의 빠른 뇌종양 진행 속도를 일시적으로 늦추긴 했으나 그는 날이 갈수록 쇠약해졌다. 평상시 친구들과 함께 바이올린과 유리언 파이프 연주에 맞춰 좋아하는 아일랜드 민요를 부르는 것이 이젠 힘들었다. 지난 24시간 동안, 톰은 두통이 심해졌고 구토가 계속됐고 탈수 증세를 보였다. 그는 정맥수액요법을 받기 위해 병원을 찾았다. 영양수액 공급으로 탈수와 두통에 어느 정도 효과가 있겠지만 그의 전반적인 예후는 변함이 없을 것이다. 톰은 남은 기간을 어떻게 보내길 원하는지 결정해야 하는 상황이었다.

그는 편안해 보였다. 그는 병원 침대에 누워 있었는데, 한쪽에는 부인이 그의 손을 잡고 조용히 노래를 부르고 있었고 다른 쪽에는 그의 누나가 묵주를 돌리며 기도하고 있었다.

"방해해서 죄송합니다," 내가 말했다. 톰이 처한 냉혹한 현실을 초월한 듯한 친밀하고 사적인 순간을 침범하는 것 같아 마음이 편치 않았다.

내 소개를 하자, 테레사와 아그네스가 벌떡 일어나서 악수를 청해왔다. "안녕하세요, 선생님. 저는 톰의 부인 테레사고, 여기는 톰의 누나, 아그네스랍니다. 그리고 여기가 톰입니다."

"안녕하쇼, 의사양반" 톰은 피곤해 보였지만 편안해 보였다,

"좀 어떠신가요, 어르신?" 내가 물었다. 새 환자를 만나서 건네는 첫 질문이 내겐 언제나 가장 힘들었다. 첫 대면에서 형성되는 대화 어조에 따라 이후 대화가 이어지기 때문이다.

나 자신의 불안감을 좀 가라앉히고자, 일반적인 의료적 질문을 장황하게 던졌다. 통증 부위는 어디인가? 통증은 언제 시작됐는가? 어떻게 아픈가? 1부터 10 사이에서, 10이 가장 심하다면, 통증은 어느 정도인가? 기본 검사를 마칠 무렵이 되자, 나는 가장 힘든 질문을 던질 수 있을 만큼 마음의 준비가 됐다.

"어르신, 저는 어르신께서 어떻게 지내고 싶으신지, 그리고 삶에서 무엇이 어르신을 행복하게 해드리는지에 관해서 함께 얘기를 좀 해보

고 싶습니다."

"나 이제 죽는 거요, 의사양반?"

"우리 모두 언젠가는 죽지요. 어르신 예후와 관련해서 이제까지 담당 의사하고 대화해본 적 있으신가요?"

"그는 죽는 얘기는 단 한 번도 꺼내지 않았소." 톰은 일반적인 중환자와 크게 다르지 않았다.

"어르신, 저는 지금 죽는 얘기를 하려는 게 아닙니다. 사는 얘기를 하려는 겁니다. 어르신께서 어떻게 살고 싶으신지 알고자 하는 겁니다. 어르신께 즐거움과 기쁨을 주는 것이 무엇인가요?"

"집에서, 아내와 우리 애들과 손주들 그리고 누나랑 같이 있는 걸 좋아하지요. 아 그리고 아일랜드 노래 부르는 걸 좋아해요. 친구놈들과 더 이상 함께 노래를 부를 수 없다면 그 이상은 살고 싶지 않을 것 같소만."

"지금 갖고 계신 뇌종양이 앞으로 어떻게 될지 어르신께서 알고 계신 내용을 좀 말씀해주시겠습니까?"

"좋지 않아요. 계속 커지고 있는 것 같소. 머릿속에 수박을 키우고 있소, 의사양반." 그는 미소를 지어 보였지만 소리를 내서 웃을 정도의 힘은 없었다.

나는 다형성 아교포세포종의 암울한 통계치에 대해 익히 알고 있었다. 톰에게 남은 날들은 얼마 되지 않았다. 한 자릿수는 아니지만, 석 달 이상 넘기기는 힘들었다. "이제 앞으로 어떻게 할 것인지에 관해 같이 대화를 나눠야 합니다." 그에게 내가 말했다. "어르신이 원하는 대로 지내시려면 어떻게 하는 것이 좋을지에 최대한 초점을 맞추고 싶습니다."

"내게 어떤 선택이 남았는지 알고 싶소."

"좋습니다. 대안들을 하나씩 같이 검토해보지요. 대화를 계속 진행하기 위해서 먼저 같이 교육 비디오를 시청했으면 합니다. 우리가 얘기할 몇 가지 선택에 관한 것을 보여줄 겁니다. 괜찮겠습니까?"

"물론이오."

생애 첫 작품을 공개하는 영화감독이 느꼈을 법한 두려움과 떨림 속에 나는 비디오의 '재생' 버튼을 눌렀다. 톰과 테레사, 그리고 아그네스를 위해.

∞

톰이 이제 막 시청할 비디오를 만드는 일은 결코 쉽지 않았다. 다행히 나는 일찍이 영상제작 관련 일을 맛보기로 해본 적이 있어 시작은 수월했다. 나의 대부代父는 뉴욕에서 아마추어 영화제작자로 지냈다. 어린 나이 때부터 나는 대부가 임시 스튜디오로 꾸며 놓은 거실에서 네거티브 필름을 자르거나 모으는 일을 맡아서 촬영과 편집의 기본에 대해 어느 정도 접해본 셈이었다. 10대 청소년 시절에는 부모님이 나의 관심사를 키워줄 목적으로 16밀리미터 중고 카메라도 사주셨었다.

영화에 대한 관심은 고등학교와 대학교 시절 내내 이어졌으나 본격적으로 다큐멘터리 영화 제작에 손을 대기 시작한 것은 1990년대 의과대학 재학 중이었다. 의대 공부의 엄청난 양에도 불구하고 나는 당시 혁명적이라 알려진 새로운 영상제작 기법을 주제로 한 세미나에 참석하게 됐다. 〈디지털 영상제작 및 다큐멘터리 영화〉에 관한 세미나였는데 더 이상 번잡스럽기 짝이 없는 네거티브 필름을 자르고 다시 모으는 일이 필요 없는 방식이 나온 것이다. 당시 나는 몇 년 후에 이 세미나가 나뿐만 아니라 톰과 나의 다른 모든 환자들의 삶을 얼마나 변화시킬 것인지 전혀 예상하지 못했었다.

그 세미나는 내가 대부로부터 배운 가장 중요한 교훈을 다시금 일깨

워줬다. 바로 첫 촬영 전에 충분한 계획과 인터뷰를 해 놓아야 한다는 것이다. 나는 의료비디오를 만들 때 동일한 접근을 했다.

촬영에 들어가기 전인 1년 동안 나는 수많은 중환자들과 그 가족들 그리고 사별한 가족들도 만나 인터뷰를 통해서 의료적 처치와 관련된 결정을 내리는 것이 그들에게 어떤 것이었는지를 파악해보고자 했다. 그들의 이야기는 충격적이었다.

"아무도 내게 그 어려운 의학용어들이 실제로 무슨 의미인지 설명해주지 않았소." 심장병을 앓고 있는 노인 환자가 내게 말했다. "당신네 의사들은 말을 할 줄 몰라요." 중년의 암 환자가 말했다. "나는 내게 남은 대안이 무엇인지를 의사와 얘기해보고 싶었지만 정작 의사는 수술과 항암요법 그리고 방사선치료를 어떻게 가져가는 것이 가장 효과적인가에만 초점을 맞추더군요. 내가 실제로 그 세 가지 치료를 원하기라도 하는지에 대해서는 물어보지도 않았어요." 그리고 아마도 가장 많이 반복된 답변이 바로 "아무도 나와 진지한 대화를 하거나 내가 무엇을 원하는지 물어보지 않았어요."다.

인터뷰를 진행하는 동시에 나는 종양학자, 중환자실 전문의, 심장병 전문의, 윤리학자, 노인병 전문의, 외과 전문의, 완화의료 전문의, 레지던트, 간호사, 사회복지사 그리고 성직자 등을 만났다. 이전에도 확인했던 것처럼, 어떤 의사들은 환자들과 단 한 번도 임종기 케어와 관련한 대화를 하지 않았다. 대화를 실시했던 의사들의 경우, 이야기를 꺼내는 방식이나 임종기 처치 중 특히 심폐소생술과 관련된 논의가 사람마다 달랐다. 심폐소생술의 실제 진행 방식, 예후나 합병증 그리고 중환자의 경우 심폐소생술이 적절한지 여부에 대한 논의 등이 각자 상이했다. 그러나 이는 단지 의사 고유의 스타일에 따른 차이가 아니었다. 어떤 의사들은 기본적인 사항에 대해 완전히 잘못된 설명을 하거나 아예 빼놓기도 했고 무엇보다도 심폐소생술의 어떤 측면을 환자에게 소개하느냐와 관련해서는 상당한 차이가 나타났다.

일부 의사들은 중환자들이 심폐소생술을 견뎌내고 퇴원할 수 있는 가능성에 초점을 맞추는가 하면, 다른 이들은 그 과정에서 살아남을 수 있는 확률에 관해서는 단 한 번도 언급하지 않기도 했다. 누구는 생생하게 묘사하기도 했다. "우리가 당신의 가슴을 세게 때려서 갈비뼈가 부러질 겁니다." 다른 이는 완곡한 어조로, "환자분의 가슴을 강하게 누르게 될 겁니다."라고 표현하기도 했다. 그런데 가장 우려스러운 점은 의료계 종사자만이 이해할 수 있는 어려운 의학용어를 남발하는 의사들의 수가 압도적으로 많다는 것이었다. 심장율동전환cardioversion, 부정맥arrhythmia, 심실세동ventricular fibrillation, 무맥성 전기활동pulseless electrical activity, 삽관intubation, 중심정맥관central line, 에피네프린epinephrine, 심정지cardiac arrest, 심장무수축asystole 그리고 저산소증hypoxia 등이 의사들이 환자들에게 일상적으로 쏟아내는 용어들이었다.

이 모든 의사들이 같은 의료시스템 내에서 일하면서도 환자들과 그토록 다른 대화를 한다는 것 자체가 놀라운 일이었다. 결국 의사에 따라 무척 다른 치료 방침을 취하게 되는 격이다. 환자가 자신의 치료 방식에 대해 결정할 때는 입원 당시 상담했던 의사나 입원 기간 중 담당의사 그리고 그 의사가 환자에게 얼마나 정확하게 가능한 치료에 대해 설명할 수 있느냐에 영향을 받기 때문이다.

그런데 이 모든 다양성 속에서도 환자와 의료진을 인터뷰하는 과정에서 공통된 현상을 발견할 수 있었다. 거의 모든 이들이 생애 말기의 의료서비스를 설명함에 있어 세 가지의 선택 방향을 기본적으로 개념화하고 있었다. 한쪽 끝에는 적극적 치료로, 주된 목적인 생명을 연장하기 위해서 가능한 모든 의료적 처치를 실시하는 것을 의미하는데 완치 확률이 낮거나 고통스러워도 상관하지 않는 것이다. 타라스, 노나 그리고 일라이자가 바로 여기에 해당했다. 다른 한쪽 끝에는 완화의료적 접근이 있었다. 이는 환자가 통증을 겪지 않고 무엇보다도 병원이 아닌 곳에서, 가장 좋게는 집에서 적절한 호스피스 케어를 받는 것을 의미했다. 헬렌 톰슨 교수의 경우, 의료적 처치의 주된 방향이 그녀가 편안함을 느낄 수 있도록 하는 데 있었다.

그 밖의 모든 것은 바로 이 둘 사이에 위치했다. 이 같은 중간적 접근은 과도하게 침습적인 처치(심폐소생술이나 인공호흡기 등)를 사용하지 않았고 그렇다고 단지 완화의료적 접근에만 치중하지도 않았다. 여기서의 목표는 걷기, 말하기, 먹기, 보기, 듣기 그리고 사고하기 등과 같은 기본적인 일상생활의 기능을 유지하는 데 있었다.

환자들과 의료진들의 이야기를 종합해서 이 세 가지 접근법을 다음과 같이 명명했다. 생명 연장 치료, 제한적 치료, 그리고 완화 치료. 이제 이 세 가지 옵션을 환자와 보호자에게 직접 눈으로 보여주기 위해서 영상물을 만들 차례였다.

이후 약 1년에 걸쳐서 나는 나의 연구 그룹에 속한 의사들과 함께 환자들로부터 교육용 영상제작을 위한 촬영 동의를 얻었다. 놀랍게도, 환자와 보호자 가족 그리고 의료진들은 촬영에 동의했을 뿐만 아니라 아직까지 이런 영상물이 없다는 점을 의아하게 생각했다. 가장 가슴에 사무치는 기억 중 하나가 바로 인공호흡기에 연결된 노인 환자의 딸이 했던 말이다. "우리 엄마가 선택할 수 있는 처치에 대해 누군가 저희와 같이 대화를 했었더라면 지금 이 상황에 놓이진 않았을 거예요. 제가 정확히 무엇에 동의한 것인지 알았더라면 말이지요." 많은 보호자들이 비슷한 이야기와 감정을 토로했다.

촬영 허가를 받고 우리는 찾아갈 수 있는 데는 모두 가서 촬영했다. 환자의 집, 중환자실, 요양원, 투석센터 그리고 심지어 수술실도 촬영했다. 우리의 목표는 헬렌 톰슨과 일라이자 존스가 병원 투어에서 접했던 것의 핵심을 영상에 담아내는 것이었다. 심폐소생술, 산소호흡기,

중환자실, 투석센터, 입원병동 그리고 호스피스 등 하나도 빠뜨리지 않았다. 할리우드 영화로 인해 은연중에 잘못 이해되고 있는 지점들을 실제 현장 영상을 통해 바로잡아 전달하고자 했다.

우리가 제작하려는 영상물은 환자들에게 스스로 결정할 수 있는 힘을 실어주고 동료 의사들이나 윤리학자 그리고 무엇보다도 환자들이 보기에 흠잡을 데가 없어야 했다. 그렇기 때문에 그 어느 쪽으로든 편향되지 않아야 했고 무엇보다도 환자들이 선택 가능한 세 가지 옵션 중 어느 한 가지로 기울게끔 은연중에라도 영향을 끼칠 수 있는 의도치 않은 부분에 대해서 엄격히 통제해야 했다. 환자에게 어느 특정 방향을 슬쩍 밀어주는 듯한 인상을 비추는 순간, 우리 프로젝트 전체의 신빙성이 떨어질 것이기 때문이었다.

의사와 환자의 의견과 평가를 대상으로 하다 보니 영상물에 포함될 촬영 숏을 선택하는 일은 이루 말할 수 없을 정도로 힘들고 오랜 시간이 걸리는 과정이 됐다. 의사들은 죽음에 대해 말할 때가 되면 천성적으로 방어적인 태도를 보이게 되는데, 이는 직업적 특성상 당연하기도 하다. 그러나 우리가 예상치 못했던 것은 의사들이 전문 영화비평가보다 더 까다롭게 나오리라는 점이었다. 환자들 또한 마찬가지였다. 이들도 영상물에 대해 우리 제작 팀이 움츠러들 정도로 날카로운 평을 내놓곤 했다. 결국 짧은 영상물 한 편 만드는 데 2년이 걸렸다. 하지만 그만큼 우리는 영상물 내용이 온당하고 공정하다는 우리 비평가들의 만장일치된 의견이 필요했던 것이다.

검토자들의 의견에 따라, 우리는 영상물에 두 가지의 의미심장한 수정을 하게 됐다. 첫째, 환자들의 모든 증언을 삭제했다. 공정성을 유지하기 위해 우리는 상반된 선택을 했던 환자와 보호자들의 케이스들을 촬영했었다. 예를 들어, 환자의 가족 중 한 명이 나와서 이제는 돌아가신 아버지가 왜 끝까지 모든 처치를 받기를 희망했는지를 설명하는 장면이 있었고, 또 다른 장면에서는 간호사 출신의 암 환자가 어째서 자신이 완화의료를 택했는지를 이야기하는 모습이 있었다. 각각 그 자체로 강렬하고도 잊지 못할 이야기였는데 바로 이 같은 이유로 환자와 의사들은 그런 내용이 제외되길 원했다. 의사 결정 과정에 있어 그와 같은 이야기들이 해로울 수 있기 때문이었다. 영상물이 완벽하게 객관성을 유지하는 것이 최대의 관건이었다.

두 번째 추천 사항은 조금이라도 의학적이지 않은 장면은 편집해달라는 것이었다. 우리는 중환자실에서 간호사가 기도 삽관과 인공호흡기를 낀 환자의 머리를 빗겨주는 것을 찍었고 또 다른 장면에서는 간병인이 환자가 면도하는 것을 돕는 모습이 있었다. 검토자들은 이 같은 장면들이 세 가지 선택 방향이 목표로 하는 것을 잘못 해석하게 할 뿐만 아니라 주의를 산만하게 한다고 지적했다. 따라서 관련 장면은 모두 삭제하기로 했다.

수많은 편집과 재촬영 그리고 수차례 시나리오를 고쳐 쓰고 나서야 우리는 검토자들로부터 최종 영상물이 공정하고 타당한 묘사라는 합의를 이끌어냈다. 우리는 편집을 끝내고 병원에 돌아왔다. 이제 어느 환자에게 제일 먼저 이 영상물을 보여줄지 결정할 차례였다.

결정은 나의 몫이었다. 나는 톰을 선택했다.

∞

"천 마디 말보다 한 번 보는 것이 낫다면, 이 비디오는 수백만 마디 이상이오." 비디오가 끝나자 톰이 말했다. "이제 내가 뭘 선택할 수 있는지 알게 됐으니, 완화의료를 택하겠소." 톰의 부인 테레사와 누나 아그네스가 그의 발언에 반응하기 시작했다.

"여보, 정말 마음을 정한 거예요? 난 뭐든 당신이 하자는 대로 따를

게요." 테레사가 그에게 말했다.

"암이 나을 것도 아니고, 내가 계속 산다는 보장도 없는데 내가 왜 그 기계들에 연결돼야겠소? 사양하겠소. 난 가족들과 조금이라도 시간을 더 보내길 원하지 병원에 오래 있길 원하는 게 아니오. 정말 고마웠소, 의사양반. 이제 가족들과 집에서 쉬게 해주시오."

"여보, 뭐든 원하는 대로 해요." 테레사 뺨에 눈물이 흘러내렸다.

"우리 동생이 원하는 것이면 나도 좋아. 상황이 정말 나빠진다면, 아무도 네가 저 비디오 속의 기계들에 의존하길 원치 않을 것 같다." 아그네스가 덧붙였다.

나는 톰을 쳐다보고 말했다. "괜찮을 겁니다. 제가 같이 있어 드리겠습니다."

내가 자리에서 일어나자, 아그네스와 테레사가 각각 톰의 손을 잡는 것이 보였다. 내가 톰의 입장이었다면 과연 무엇을 원했을지 생각하며 방에서 나왔다.

한 달 뒤, 톰은 집에서 테레사와 아그네스 그리고 나머지 가족들과 친한 친구들이 지켜보는 가운데 숨을 거뒀다. 테드 케네디도 얼마 안 있어 톰의 뒤를 따랐다. 케네디가 사망하던 날, 그는 집에서 가족들과 함께 평소 좋아하는 제임스 본드 영화를 보고 아이스크림을 먹었다고 한다. 이 두 사람은 세인트 마거릿 병원의 분만실에서 나온 뒤 무척 다른 삶을 살았지만, 마지막에는 비슷한 상황에서 다시 한번 상징적으로나마 만났다고 할 수 있겠다.

∞

비디오를 통해 톰은 자신의 옵션에 대해 보다 잘 이해할 수 있었고, 나와 대화를 갖고 생애 마지막에 무엇을 원하는지 결정하는 데 도움을 받을 수 있었다. 그러나 나는 톰 외에 다른 환자들에게도 이 비디오가 도움이 되는지 확인해야 할 필요가 있었다. 환자를 치료하는 데 새로운 방법을 도입하기 위해서는, 새 방식이 기존의 치료 방법에 비해서 실제로 도움이 되는지 판단하기 위한 객관적인 실험이 필요하다. 의사들이 받아들이거나 신뢰할 수 있는 유일한 방법은 비디오를 환자들에게 무작위로 실험해보는 것이었다.

중병을 가진 환자들이 의사 결정을 할 때 우리의 비디오가 실제로 얼마나 도움이 되는지 확인해보기 위해 나는 종양학자 몇 명과 함께 50명의 환자들을 모집하기로 했다. 이들은 모두 진행성 뇌종양 환자로 무작위로 결정되는 실험에 참여하게 됐다. 종양학자들이 해당 환자가 연구에 적합한지 일차로 확인하고 나면, 해당 환자는 컴퓨터가 무작위로 배정하는 그룹에 배정을 받게 된다. 개입 그룹이나, 통제 그룹 둘 중 어디에 배정받든지 결과는 공정하게 유지되는 것이다.

통제 그룹에 속한 환자들은 비디오 시청 없이 대화만 갖고 임종기 치료에 대해 결정을 내렸다. 여기서 대화는 우리가 의사와의 이상적인 대화라 생각하고 작성한 대본을 따랐다. 구두로 대화만 가진 환자들은 세 가지 치료 방침 중 다음과 같이 선택했다. 약 4분의 1에 해당하는 환자가 생명 연장 치료, 즉 가능한 모든 치료를 받기를 희망했고, 또 다른 4분의 1은 완화의료를 택해서 집에서 호스피스 케어를 받으며 증세 완화에 초점을 맞추고자 했다. 대략 절반이 제한적 치료를 선택했다. 이 결과는 내가 진행성 암 환자들 상담했을 때의 경험과도 무척 유사한 흐름선상에 있었다.

개입 그룹에 속한 환자들은 동일한 대본에 의한 대화를 갖고 비디오를 시청한 이후 결정을 하게 했다. 이 그룹의 선택은 무척 달랐고 그것이 의미하는 바 또한 컸다. 비디오를 시청한 뒤, 환자 중 아무도 생명 연장 치료를 택하지 않았다. 몇 안 되는 사람들이 제한적 치료를 원했고, 압도적 다수인 92%가 완화의료를 선택했다.

그러나 무엇보다도, 이 두 그룹 사이의 차이는 환자들의 선택에만 있지 않았다. 비디오를 시청한 환자들은 자신들의 선택에 대해 더 많은 지식을 갖게 됐다. 연구의 일환으로, 우리는 통제 그룹 환자들에게 일련의 참/거짓 중 하나를 택하는 설문지를 돌렸다. 이들의 이해 정도를 정확히 측정하기 위해 우리는 이들을 만나기 전과 후에 같은 설문지를 돌렸다. 또 개입 그룹에 속한 환자들에게도 이들을 만나서 대화하고 비디오를 시청하게 하기 전과 후에 같은 설문지를 돌렸다. 설문지에는 다음과 같은 질문이 포함됐다.

> 내가 무척 진전이 된 진행암이 될 경우에 어떤 의료적 처치를 받길 원하는지 담당 의사에게 한번 말하고 나면, 이후에 마음을 바꿀 수 없다.
> (거짓)

> 완화의료는 호스피스에 들어간 진행성 암 환자들에게만 제공되는 의료 케어의 하나다.
> (거짓)

> 심폐소생술은 심장박동이 정지된 환자들에게 심장을 다시 뛰게 하기 위해 실시되는 의료 과정이다.
> (참)

> 진행암 환자가 심폐소생술로 살아나고 산소호흡기로 연명할 경우, 이 시술들로 인한 합병증이 적다.
> (거짓)

얼마나 많은 진행암 환자가 심폐소생술로 살아나서 퇴원할 수 있는가:

a. 거의 모두(90%이상), b. 대략 절반(약 50%), c. 소수(10% 미만)

(c)

비디오를 시청한 환자들은 시청하지 않은 환자들보다 더 많은 질문에 정확히 답할 수 있었다. 80% 이상의 환자들이 비디오를 시청한 것에 대해 "아주 편안하다."고 답했고, 나머지 환자들은 "다소 편안하다."고 답했다. 그러나 보다 중요한 사실은, 비디오를 시청한 모든 환자들이 이 비디오를 다른 사람들에게 추천하겠다고 한 점이다. 의학적 개념에 대해 추상적으로 소개하는 것과 이 같은 개념들이 실제 현실에서 어떤 의미인지 보여주는 다큐멘터리 영상을 소개하는 것은 천양지차다.

이 결과들은 2010년 〈JCO*〉에 발표됐고 그로 인해 또 다른 질문들이 제기됐는데, 그중에는 우리의 비디오가 다른 종류의 진행암 환자에게도 동일한 결과를 보일 것이냐가 가장 컸다. 우리는 답을 찾아보기로 했다.

우리 연구 팀은 다음 조사를 위해 150명의 서로 다른 종류의 진행암 환자를 모집했다. 환자들 중에는 폐, 대장, 유방 그리고 간암 환자가 있었다. 모두 중증 환자였고 몇 달 또는 길어야 1년 정도의 여명 기간이 예상됐다. 이들 중 많은 수가 위독한 상태여서, 우리는 비디오의 내용 중 심폐소생술에만 초점을 맞춘, 기존보다 더 짧은 분량의 비디오를 사용했다. 이번 조사는 환자들에게 한 가지 결정에만 대해 묻는 것이었다. 당신의 심장이 정지할 경우, 의료진들이 심폐소생술을 실시하기를 원합니까, 실시하지 않을 것을 원합니까?

* Journal of Clinical Oncology.

여기서 또 한 번, 무작위로 환자의 절반을 비디오 그룹에 배정하고 나머지는 통제 그룹으로 나눴다. 통제 그룹에는 거의 절반에 해당하는 환자가 심폐소생술을 실시할 것을 희망했다. 비디오를 시청한 환자 그룹에서는 20%에 해당하는 환자가 심폐소생술을 원했다. 우리의 연구 결과는 종양 부문 세계 최대 학술대회인 미국임상종양학회ASCO, American Society of Clinical Oncology 연례회의에 발표됐고 2013년 〈JCO〉에 게재됐다.

지난 몇 년에 걸쳐, 우리 연구 팀은 위와 같은 결과를 다수의 임상시험을 통해서도 되풀이해서 발견했다. 치매와 같은 다른 질병을 앓는 환자는 물론이고 외래나 입원 환자, 요양원 또는 중환자실 등과 같은 서로 다른 의료 환경에 놓인 환자도 포함됐다. 연구가 제시하는 바는 환자들이 비디오를 활용할 경우 보다 정확한 정보에 입각한 선택을 내리게 된다는 것이다. 그 이유는 환자들이 눈으로 직접 예상되는 의료적 처치와 그 과정을 확인할 수 있기 때문이다.

우리의 연구 결과 중에 눈길을 끄는 점은 바로 비디오를 통해 더 많은 환자들이 담당 의사들과 대화를 나눌 수 있게 됐다는 것이다. 오늘날 의사와 환자의 관계는 기존의 전형적인 교육 모델에 따라 선생님(의사)이 더 힘 있고 지식이 많아 관계를 주도한다. 의사는 환자(학생)에게 지식을 전수하고자 하는데, 이 과정에서 어쩔 수 없이 환자는 수동적이고 힘이 없다. 그런데 이와는 반대로, 의사와의 만남에서 환자가 적극적으로 의사 결정 과정에 참여하는 모습을 한번 상상해보라. 그것도 단지 자신들의 의료적 처치와 관련해 어떤 선택을 할 수 있는지 간단한 정보를 제공했던 동영상을 통해서 말이다. 필요한 정보를 환자에게 제공해서 담당 의사와 대화를 나누도록 밀어주는 것은 환자 중심의 진료와 환자 스스로의 참여를 이끌어내게 한다. 또한 의사와 환자의 관계에서 환자가 좀 더 힘(지식)을 행사할 수 있는 쪽으로 관계를 역전시키기도 한다.

동영상의 효과는 의학에만 국한되지 않는다. 일명 "살Sal"로 불리는 살만 칸Salman Khan이 전 세계 어린이들의 교육에 불러일으킨 혁명적 변화를 한번 생각해보라. 2004년 여름, 살만 칸은 수학 때문에 고전하는 중학생 조카에게 원격으로 과외를 하기 위해 구글의 스케치패드와 전화를 사용했다. 2006년이 되자 그는 유튜브에 강의를 올리기 시작했다. 그의 동영상이 어찌나 유명해졌던지 수천 명의 학생들이 시청하기 시작했다. 2008년에 그는 일하던 헤지펀드 회사에서 나와, 비영리 교육단체인 칸 아카데미Khan Academy를 설립했다.

오늘날 칸 아카데미는 학생들이 공부하는 방식에 일대 변혁을 가져왔다. 세계 어느 곳의 어린이라도 수학, 과학 또는 인문학 과목으로 만들어진 2,200여 개 이상의 동영상을 통해 최고 수준의 교육을 이수할 수 있다. 매달 약 100만 명의 학생들이 정기적으로 동영상을 시청하고 있고 캘리포니아 주의 일부 공립학교는 이미 교과과정에 동영상을 포함시키기도 했다. 동영상은 교육과 교육학 전반에 대해 새롭게 사고하기를 의미하는 패러다임의 일대 전환을 상징한다고 하겠다.

칸 아카데미의 동영상은 기존의 학생-교사의 관계를 근본적으로 변화시킬 수 있는 가능성을 보여준다. 이제는 똑같은 강의록을 재탕하는 수준 이하의 교사들이 온라인상으로 눈을 못 뗄 정도의 명강의를 내놓는 교사들에 밀려 설 자리를 잃고 있다. 학생들이 열렬히 디지털 기술을 받아들이는 디지털 시대인데 어찌 교육시스템이라고 예외겠는가?

디지털 시대의 의사와 병원에 대한 환자와 가족들의 기대치 또한 바뀌어야 할 것이다. 실제로 비디오를 통해 의학은 새롭게 만들어지고 환자-의사 관계도 재편될 가능성을 품고 있다. 동영상을 통해, 환자들은 스스로 권한을 부여해주는 도구를 갖고 의사 결정에 필요한 정보를 획득하고 환자 자신이 원하는 속도로 결정을 내릴 수 있게 된다. 환자들은 쉽게 이해할 수 있는 동영상 비디오를 통해 자신들에게 주어진 의료적 처치 옵션이 무엇인지 보다 더 정확히 시각화하고 상상할 수 있게 됐다. 이제 의료시스템 중에서 가장 부족한 자원에 속하는 의사와의 면담 시간에는 환자가 온전히 질문하는 시간으로 보낼 수 있는 것이다. 환자가 사전에 필요로 하는 정보를 충분히 소화하고 흡수할 시간을 가진 후에 말이다.

환자–의사 대화를 보충하는 데 동영상을 활용하게 된다면 의사들 개인의 스타일, 개성, 솔직함 그리고 접근법에 따라 달라지는 의사와의 면담을 표준화하는 데 도움이 될 수 있을 것이다. 이번 장의 서두에서 언급했다시피, 의사들은 때때로 의료적 처치에 대한 팩트를 빠뜨리거나 잘못 전달할 때가 있기 때문이다. 동영상은 공유된 정보를 표준화하는 데 도움이 된다.

주의할 점은 동영상의 역할이 환자–의사 관계를 증진하는 데 있지 대신하는 것이 아니란 것이다. 환자–의사와의 관계에서 기본이 되는 것은 누가 뭐래도 의사의 이야기다. 동영상은 치료의 수준이나 가능한 처치의 종류에 대한 일반적인 정보를 제공할 따름이다. 동영상을 통해 환자들은 의료진과 대화할 준비를 할 수 있고 보다 넓은 의미로 자신의 선택에 대해 이해할 수 있도록 도움을 받는 것이다. 실제 환자에게 적용할 수 있는 부분에 대해서는 의사들이 환자의 의학적 상태, 즉 예후나 결과에 기반해서 필요한 지식을 제공하는 것이다. 동영상은 리스크와 이득 요소를 설명해주고 환자들이 자신들의 가치와 선호도를 알아차릴 수 있도록 보조 기능을 한다. 체계적인 방법으로 정보를 제공하고 환자들이 각자의 옵션을 가늠하기 위해 환자에게 필요한 증거들을 제공한다.

의학계에서 동영상을 이용한 교육은 성공적으로 이뤄져왔고 최근 20여 년 동안 임종기 치료 외의 다양한 환경에서도 널리 이용됐다. 병원과 의원에서는 외과 수술과 복잡한 의료 결정을 위해 의료 동영상을 기본적인 의료서비스에 포함시켰다. 2009년에는, 워싱턴 주의 50만 명 이상의 환자를 진료하는 의사와 병원 간의 의료 네트워크인 그룹헬스코퍼러티브Group Health Cooperative가 기존의 의료문화에 대대적인 변화를 시도했다. 정형외과, 심장학, 비뇨기과, 부인과, 유방암 그리고 척추 질환 등 6개 분야에 12개의 의사 결정용 보조 동영상을 도입해서 실제 임상에서 의료 결정을 내리는 데 도움을 주고자 했다. 그룹헬스에 속하는 수천 명의 환자들이 추간판 탈출, 유방암, 자궁근종, 전립선암, 엉덩이와 무릎의 골관절염, 심장병 등 그리고 그 밖의 다른 질환으로 결정을 내려야 하는 상황에서 동영상을 통해 자신에게 주어진 옵션을 보다 더 잘 이해할 수 있었다. 그리고 그룹헬스의 이 같은 노력은 결실을 보고 있다.

2013년에 그룹헬스의 연구 팀이 의학전문지 〈헬스어페어스*〉에 현재까지 가장 큰 규모를 기록하는 의사 결정용 보조 동영상 도입에 관한 연구를 발표했다. 연구를 통해 동영상 비디오를 이용하는 환자들이 의사 결정을 함에 있어 질적 향상을 보였다고 상세히 보고됐다. 동영상을 통해 환자들은 보다 적극적으로 의사 결정 과정에 관여할 수 있었고, 보다 많은 정보를 알게 됐으며, 자신들의 선호도가 무엇인지 보다 명확히 알 수 있게 됐다. 이는 곧 환자들 개인의 가치와 부합하는 의료서비스의 길이 열리게 되는 것이다.

오늘날 속전속결로 진행되는 의사와의 면담 시간 중에는, 환자가 생애 말기 관련 결정을 하는 데 있어 의사가 충분히 모든 정보를 줄 시간이 부족하기 십상이다. 동영상과 같은 보조 도구를 통해 환자와 가족들은 자신들의 가치와 목표에 부합하는 의사 결정을 내리도록 도움

---

* Health Affairs

을 받을 수 있다. 그리고 이와 관련해서는 무수히 많은 전례가 존재하는데 모두 항상 시간에 쫓기는 의사들에게 필요한 처치가 무엇인지를 상기시켜주는 셈이다.

의사들은 필요한 정보와 가장 최선의 처치가 무엇인지 잊지 않기 위해 항상 손만 뻗으면 닿을 곳에 체크리스트를 두고 이용한다. 예를 들어, 대부분의 중환자실에서는 의료진이 중심정맥관을 삽입할 때 지켜야 하는 소독 지침을 상기시키기 위해 체크리스트가 비치돼 있다. 그리고 수술실에서도 안전 지침을 강화하고 의료진 사이의 커뮤니케이션과 팀워크를 증진시킬 목적으로 체크리스트를 활용하는 경우가 많다. 동영상 비디오는 환자와 가족들에게 임종기의 의료 처치에 대해 필요한 정보를 제공하는 기본적인 시각적 체크리스트라 할 수 있다. 만약 의사가 시간에 쫓겨 또는 어떤 이유에서건 깜빡하고 환자에게 얘기하지 못한 정보가 있다면, 동영상을 통해 환자는 기본적인 사실을 확인하고 시간의 제약 없이 원하는 만큼 반복해서 볼 수 있다. 또한 환자는 필요한 경우, 동영상을 통해 의사와 대화를 나눌 수 있도록 힘을 얻을 수도 있다.

동영상의 이용과 관련해서 때때로 제기되는 우려 중의 하나가 바로 동영상이 환자의 임종기 치료에 관한 대화를 열어주는 환자와 의사의 소통을 촉진하기보다 환자–의사의 관계를 대체해버릴 수 있다는 점이다. 의사가 임종기 치료에 관해 환자와 길게 이야기하기보다는 도리어 환자에게 비디오 시청을 권하는 것으로 대화를 대신한다는 것이다. 그래서 대화를 촉진하기보다는 동영상이 대화를 대체하게 되고 의사는 아예 대화 자체를 피할 수도 있다는 것이다. 비록 이 같은 지적이 어느 정도 타당성이 있다하더라도, 실제 임상 현장에서는 유의미한 문제로 나타나지 않았다. 현재까지 다양한 의료 환경 속에서 동영상은 성공적으로 활용되고 있다.

무엇보다도, 기존의 표준화된 처치보다 새로운 변화가 낫다고 제안하는 객관적인 연구는 이제 겨우 시작일 뿐이다. 지금 임종기 치료에 있어 세 가지의 기본적인 치료 방침을 설명하는 비디오를 소개하고 널리 수용되게끔 하는 것은 간단한 문제가 아니다. 의료 분야는 본질적으로 보수적이다. 변화는 달팽이 걸음 수준으로 일어나고 그럴 만한 충분한 이유가 있다. 생명을 다루기 때문이다. 의학의 역사는 불행하게도, 필요한 증거 없이 성급하게 이뤄진 권고 사항들로 인해 많은 피해를 기록하고 있다.

의학은 보편타당성을 추구하지만 오늘날의 의학적 사실 중 일부는 몇 세대만 지나면 틀린 것으로 판가름 날 수도 있다. 의과대학생이 그 기나긴 수련 기간을 끝마칠 때 즈음이면 폐기되는 의학 정보들이 발생하는 것처럼 말이다. 의학의 진보가 발생하면, 예전의 지식 중 일부는 버려야 할 때가 온다. 의사들에게 지식의 대가는 과거의 오판誤判을 인정하는 것이다. 나의 경우, 동영상의 효과와 영향을 시험해볼 수 있는 아주 현실적인 사건이 뜻밖에도 집에서 가까운 곳에서 일어났다.

THE CONVERSATION

A REVOLUTIONARY PLAN FOR END-OF-LIFE CARE

Chapter 6

Coming Home

제6장

집으로 돌아온다는 것

우리 팀은 아침 7시에 관례대로 병원 커피숍에서 만나, 전날 밤에 입원한 신규 환자들의 리트스를 점검하고 있었다. 갑자기 나의 호출기가 울렸다. 그러나 병원에서 나를 찾는 것이 아니었다. 뉴욕에 계신 어머니의 번호였다. 나는 몹시 당황해서 곧바로 전화를 걸었다.

"어머니? 무슨 일이에요?"

"아버지가 쓰러지셨어. 어서 집으로 좀 와줘야겠다." 어머니는 떨리는 목소리로 말했고 수화기 넘어 부산스럽게 움직이는 소리 때문에 겨우 들릴 정도였다.

그 순간 이후, 이 날을 어떻게 보냈는지는 마치 희미한 기억 속의 영화를 떠올리는 것과 같다. 나는 레지던트들과 함께 신규 환자들을 점검한 후, 선임 동료 의사를 수배해서 앞으로 이틀간 나 대신 일해줄 것을 부탁했다. 근무 중인 아내에게 전화해서 바로 뉴욕으로 간다고 알렸다. 그리곤 어린 딸에게 전화를 걸어 딸의 목소리를 확인했다. 이런 순간엔 전화로라도 아이의 목소리를 듣는 것만큼 마음을 안심시키는 것이 없다. 그날 아침, 어머니도 나와 통화하면서 같은 느낌을 가졌으리라.

나는 침착하려 했지만 심장은 사정없이 뛰었다. 선임 의사로서 나는 그간 수많은 뇌졸중 환자들을 입원시켰었다. 그 환자들의 얼굴들이 한꺼번에 떠올랐다. 이번 환자는 나의 아버지였다. 허나 내가 던질 질문들은 기본적으로 동일했다.

아버지의 뇌졸중은 출혈성인가, 혈전색전증에 속하는가? CT와 MRI 상으로 무엇이 확인되는가? 초기 증상은 어땠고 언제 시작됐는가? 일반적인 증상과 함께 급작스런 뇌기능 손상이 있었는가 아니면 특정한 뇌기능 결핍이 나타났는가? 의사들이 뇌졸중이라고 확신하는가? 발작, 실신, 편두통 그리고 저혈당은 가끔 급성허혈로 보이기도 한다. 의사들은 충분히 다각도로 진단 범위를 고려했는가?

아버지는 이미 심부전과 높은 콜레스테롤 수치 그리고 당뇨로 인해 여러 가지 약을 복용 중이었다. 혹시 이들 약 중의 일부를 깜빡해서 뇌졸중처럼 보이는 증세가 나타난 것은 아닌가? 의사들은 아버지의 약 처방과 병력에 대해 충분히 파악했는가? 이 같은 질문들을 끝없이 되풀이하면서 나는 뉴욕으로 속력을 내어 차를 몰았다. 오후의 교통정체를 피하고 과속 단속에 최대한 걸리지 않기를 기도하면서.

나는 뉴욕 시내로 향하는 트라이버로 다리Triborough Bridge 출구를 하마터면 놓칠 뻔했다. 그 다리는 최근에 로버트 F. 케네디를 기념해서 'RFK Bridge'로 이름이 바뀌었다. 그간 나는 이 길을 많이 다녀봤지만, 트라이버로 다리라는 표지판이 나와야 곧 출구로 나갈 준비를 했는데, 이번에는 그 간판이 보이지 않았다. 대신 그 자리에 RFK BRIDGE라는 표지가 반질거리는 초록색 표지판에 큼지막한 흰 글씨로 찍혀 있었다.

내가 뉴욕에서 자라던 어린 시절, 아버지와 나는 종종 '다리 이름 맞추기' 놀이를 했었다. 아버지가 구역 이름을 말하면 내 몫은 그 구역으로 연결되는 다리 이름을 대는 것이었다. 내가 제때 못 알아내면 아버지가 항상 힌트를 주곤 했는데, 아버지가 마치 어릴 때부터 뉴욕에서 자란 것처럼 뉴욕 곳곳의 상징적인 건물을 거침없이 큰소리로 외치며 설명해줬다. 내가 여름에 방문하곤 했던 그리스의 아주 작은 마을에서 자라지 않은 것처럼 말이다.

"브루클린과 맨해튼."

"브루클린 다리요!"

"그리고… 만약 브루클린 이름을 딴 다리가 있으면 옆에도 이름을 딴 다리가 있지 않겠니?"

"맨해튼 다리요!"

"좋았어! 그리고 어느 다리가 퀸즈, 브롱스 그리고 맨해튼을 연결해 주지?"

"트라이버로 다리요!" 수년이 흘러도 그의 우렁찬 목소리는 아직도 내 귓가에 울리는 것 같다. RFK라는 다리의 새 이름에 익숙해지는 데는 시간이 좀 걸릴 듯하다.

나는 다리를 지나 병원으로 향했다. 내가 근무하는 병원과 크게 다르지 않은 거대하고 학구적인 분위기의 건물이었다. 수십 년 아니 수백 년에 걸쳐 만들어진 여러 가지 양식의 건축물 집합체였다. 예전의 신고전주의풍의 건물에 초현대식의 유리 건물들이 부속 건물로 추가돼 건축양식의 대혼합이라 해도 과언이 아니었다. 그러나 따로 노는 느낌의 각 건물들을 연결하는 미로 같은 통로를 따라가는 데는 일종의 멋이 있었다. 병원의 신관에 위치한 신경중환자실Neuro-ICU로 서둘러가면서, 내가 어떤 의미에서는 현대 기술의 발달 과정을 관통해서 지나가는 의료 타임머신을 이용한다는 생각을 했다.

수십 년 전이었다면, 아버지는 이번 발작이 일어나기도 전에 이미 돌아가셨을 것이다. 의학의 발달로 그는 두 번의 심장마비에도 소생했고 당뇨도 적극적으로 치료받고 있었다. 어제의 기적은 오늘날 치료의 표준이 되고, 내가 의과대학에서 글로만 접했던 기술적 발견들은 현재 전국 모든 병원의 표준이 됐다.

내가 해당 병동에 도착하자마자 아버지의 담당 간호사는 그간의 경과를 설명해줬다. 아버지는 몸 한쪽에 약한 마비증세가 있었고 CT 판독 결과 뇌졸중으로 보였다. 아버지는 정밀 검사를 받기 위해 곧바로 신경중환자실로 옮겨졌고 다행히 몸 왼쪽은 천천히 회복되는 중이었다. 나는 간호사에게 담당 레지던트를 호출해달라고 부탁하고 아버지의 병실로 향했다.

어머니가 아버지 침대 옆에 앉아 잠든 아버지의 손을 잡고 있었다. 아버지는 코에 산소를 공급해주는 콧줄을 끼고 있었고 양팔에 정맥주사가 꽂혀 있었다. 나는 아버지의 상태가 너무도 정상적으로 보여서 도리어 놀랐다. 심장 모니터는 아버지 혈압이 약간 높기는 해도 안정적이고, 심박수도 좋으며 산소포화도도 정상임을 보여주고 있었다. 나는 안도의 한숨을 내쉬었다. 아버지가 위급한 상태는 벗어났던 것이다. 그제야 어머니에게 다가갔다.

“너무 겁이 났단다.” 어머니가 조용히 울먹이며 말했다. “너무도 갑작스러워서, 집에 물건들을 하나도 챙기지 못했어.”

“괜찮아요, 어머니. 다 괜찮아질 거예요. 아버지는 좋아지실 거예요. 아버지 바이탈 사인Vital Sign*이 좋아요. 극복하실 거예요.” 나는 내가 ‘바이탈 사인’이란 말을 한 것을 깨닫자마자 바로 후회했다. 바이탈 사인이 어머니에게, 또는 어느 환자의 부인에겐들 무슨 의미란 말인

* 인간이 살아 있는 징후, 즉 생명징후를 말한다. 호흡, 맥박, 체온, 의식정도, 혈압을 지표로 한다.

가? 내 역할은 여기서 의사 노릇을 하는 게 아니라 아들이자, 힘을 줄 수 있는 가족이 아니던가. 어머니를 껴안으려던 참에 의사가 들어왔다.

"방해해서 죄송합니다, 볼란데스 박사님. 저는 레지던트 마크 데이비드슨입니다. 작년에 아버님께서 심부전으로 입원하셨을 때 뵀었지요."

나는 마크와 악수를 나눴다. 벌써 1년이 지났던가? 나는 아버지가 병원에 몇 번을 입원했는지 잊어버리고 있었다. 5년 전에 첫 심장마비가 일어난 이후 연이어 한 번 더 일어났고, 심부전과 당뇨 때문에 아버지는 수차례 입원했었다. 입원할 때마다 나는 여러 레지던트 의사들과 인사를 나눴다. 레지던트들과 잘 사귀어 두는 것은 아버지의 병환으로 가족들에게 드리워진 혼돈과 분열에 대비하기 위한 나만의 대비책이기도 했다.

"아버님 상태는 안정적입니다. 팔다리도 나아지고 있고요. 바이탈 사인도 좋고 고혈당증은 계속 체크할 겁니다. 24시간 후 뇌 CT 촬영을 잡아 놓았습니다. 뇌신경 체크는 30분마다 실시할 겁니다."

"고마워요, 마크. 아버지를 위해서 이렇게 신경을 써주시는 것 모두 감사합니다."

"팀에서 선임 의사 선생님하고 아버님 케이스를 리뷰해서 이제 막 끝났습니다. 지금 저와 같이 사진 보시길 원하면 컴퓨터로 같이 볼 수 있습니다."

"좀 나중에 보지요." 환자들과 함께 촬영사진을 보는 것을 강조하는 것은 나 또한 마찬가지였지만, 지금으로선 어머니와 아버지 곁을 지키는 것이 더 중요하게 느껴졌다.

"더 필요하신 것은 없으신가요?" 레지던트가 물었다.

"네, 없습니다. 고마워요."

"괜찮으시다면, 두 분께 확인하고자 하는 사항이 하나 있습니다. 아버님이 병원에 도착한 뒤 안정을 되찾긴 했지만 여전히 정신이 없으신 상태셨습니다. 그래서 어머님과 같이 아버님의 치료 목표와 소생시술 범위Code Status에 대해 얘기를 나눴습니다. 현재 아버님은 DNR 환자임을 다시 한번 확인하려고 합니다. 볼란데스 씨는 심장이 멈출 경우 심폐소생술을 원치 않고 자가호흡이 불가능해질 경우에도 인공호흡기를 원하지 않는 겁니다, 맞지요? 작년에 입원했을 때는 풀코드Full code*였던 기억이 나서, 이 점을 확실히 하려고 합니다만."

"네, 맞아요. 남편의 희망 사항들이에요."

DNR이라고? 소생시키지 말라고? 아버지를 소생시키지 말라고? 그게 무슨 말인가? 마치 DNR이란 말을 생전 처음 듣는 것 같았다. 비록 내가 그간 수백 명의 환자들에게 DNR 오더를 내리고 두 번 더 생각하지 않았음에도 불구하고 말이다. 하지만 지금은 달랐다. 아버지였다.

"볼란데스 박사님?" 마크가 물었다.

나는 온몸이 굳은 것처럼 꼼짝할 수 없었다. 애써 어머니 쪽으로 시선을 돌렸고 그리고 마크를 바라봤다.

"네, 어머니와 아버지가 동의한 거라면 뭐든지."

"알겠습니다. 일단 확인하고자 한 겁니다. 뇌 CT 촬영은 아침이 돼야 실시할 수 있을 겁니다. 두 분께선 집으로 가셔서 좀 쉬셔도 될 것 같습니다. 무슨 일이 생기면 바로 연락드리지요. 다시 만나서 반가웠습니다, 볼란데스 박사님. 뭐든 제가 더 도울 일이 있으면 말씀하세요."

나는 누이와 동생에게 전화하여 아버지의 상태를 알렸다. 둘 모두 나보다 부모님과 더 가까이 살고 있었지만, 어머니는 내가 의사다 보니 위급한 일이 생기면 언제나 나에게 먼저 연락을 취했다. 나는 두 사람에게 아버지는 괜찮다고 안심시키고, 다음 날 병원으로 오라고 말했다.

---

* 모든 소생술 시술.

어머니와 함께 집으로 차를 몰고 브루클린 다리를 건널 때, 아버지의 우렁찬 목소리가 들리는 듯했다. "브루클린과 스태튼 아일랜드… 베라자노!"

집에 도착하니 자정을 훌쩍 넘긴 시간이었다. 집 안은 온통 어질러져 있었다. 나는 어머니와 함께 집안을 청소하고 정돈하기 시작했다. 우리 둘 모두 이대로는 잘 수가 없었다. 내 머리 속에는 단지 D-N-R 이란 세 글자만 가득했다.

"어머니, 최근에 아버지와 DNR에 대해 의논했었나요? 솔직히 말해서, 아까 저한테는 완전히 쇼크였어요."

"추수감사절 바로 뒤에 얘기 나눴다."

"추수감사절?"

"우린 너와 의논할 계획이었는데 아직 기회가 없었던 거야. 잘 들어봐라, 때가 되면 더 이상 필요 없는 건 필요 없는 거라 하는 거다. 아버지가 포기하거나 전혀 다른 의미가 있는 건 아니지만, 약 처방을 받고 검사받으러 병원에 다니는 것도 일이고, 사람들이 가슴팍을 두들기고 호흡기를 끼우는 건 또 다른 일이야. 그리고 그렇게 다 했는데도 혹시나 아버지가 집에 영영 돌아오지 못한다면? 그땐 정말 악몽일 게다." 어머니는 말을 멈추고 한숨을 쉬었다.

감정적인 소진일까? 아니면 단지 우리 모두 언젠가는 죽는다는 것을 인정하는 걸까?

"하지만 아버지 삶의 질이 유지될 수 있다면…"

"우리는 이제 늙었고 다른 사람들보다 나은 삶을 누려왔어. 그러나 만약에 우리에게 기쁨을 주는 것들을 즐길 수 없는 지경에 이르면, 그때는 의료장비들에 우리 몸을 연결해서 시간을 오래 끌지 말아야 한다. 너도 그때가 되면 이해할 거다. 우리는 네가 이메일로 보낸 비디오를 다시 보고선 마음을 결정했단다."

어머니의 설명은 합리적이었다. 어머니는 심폐소생술이 뭔지 이해했고 아버지가 지병으로 인해 심폐소생술을 받아도 소생 가능성이 지극히 적다는 것을 이해했다. 또한 다른 생명 연장 조치들의 많은 위험성과 적은 이득을 알고 있었다. 이는 의사로서 내가 환자들과 가족들이 이해하기를 바라는 바로 그 지점이었다. 우리 부모님은 이상적인 환자였다. 그들은 세부 사항도 주의 깊게 검토했고 어떤 선택을 할 수 있는지도 잘 알고 있다. 그런데, 내가 아버지의 DNR을 받아들이기 이렇게 어려운 이유는 대체 무엇일까?

"우리는 그 비디오를 수도 없이 다시 틀어보았단다." 어머니가 계속해서 말했다. "비디오를 멈췄다가, 다시 앞부분부터 보다가, 의논도 하다가 말이다. 우리에게 최상의 결정이란, 너무 과하지도 않고 너무 공격적이지도 않는 쪽을 택하는 거라 생각했다. 이게 옳은 결정이다. 우리 가족을 위해서 옳은 결정이야. 그러니까 이제 청소나 좀 도와주려무나. 곧 부활절인데, 모두들 저녁 때 올 테니 집이 말끔히 준비됐으면 좋겠다."

나는 이후 몇 시간 동안 지칠 때까지 쉬지 않고 집 안 청소에만 집중했다. 아마도 늦은 시간 탓인지, 또는 육체적으로 너무 피곤해서인지 머릿속은 온통 뒤죽박죽이었다. "그것은 우리 가족을 위해 옳은 결정이야."라는 말이 끊임없이 마음속에서 울려 퍼졌다.

새벽 3시쯤 되서, 나는 양치를 하고 어릴 적 쓰던 침실로 들어가 보았다. 이글 스카우트Eagle Scout* 배지들과 과학전시회 트로피들이 서랍장 위를 장식하고 있었다. 내가 대학에 가면서 두고 간 그대로였다. 어머니는 내 방을 손대지 않고 그대로 보존하려고 고집했다. 큼지막한

* 미국 보이 스카우트 연맹이 수여하는 최고 영예상. 최소 21개 이상의 공훈 배지를 받아야 하는 등의 까다로운 심사 과정을 거친다.

옛날 애플 맥킨토시 컴퓨터며 나의 생애 첫 16밀리미터 촬영카메라도 그대로 있었다. 명절 때가 되면 내가 어렸을 때 잤던 작은 싱글 침대에서 나의 어린 딸이 누워 잤다. 배트맨과 로빈이 여전히 늠름하게 포즈를 취하고 있는 빛바랜 침대시트도 그대로였다. 나의 지친 몸을 쉬게 할 더 이상의 편안한 곳은 없었다. 또한 내 마음속 불안에도 최고의 힐링 공간이었다.

의사들은 부모의 죽음을 두려워한다. 자신의 아버지나 어머니를 연상시키는 환자를 입원시킬 때면 더욱 그렇다. 타라스의 이민 이야기는 아버지와 별반 다른 것이 없다. 그들은 먼 나라에서 건너와 블루칼라로 열심히 일하면서 아메리칸 드림을 꿈꿨다. 노나의 파스타 이야기는 어머니의 그리스 요리를 연상시켰다. 지난 수년간 아버지를 생각나게 하는 얼마나 많은 심장마비, 당뇨 또는 뇌졸중 노인 환자들을 입원시켰던가? 얼마나 많은 할머니들의 심장박동 소리를 들으며 어머니의 심장소리는 어떨지, 얼마나 오래도록 뛸 것인지를 떠올려봤던가? 타라스, 노나, 미겔, 헬렌, 일라이자, 톰 또는 나의 환자 중 누구라도 검안경으로 눈을 들여다볼 때 나는 나 자신의 영혼 깊은 곳을 바로 응시하는 것이었고 나의 부모와 그리고 어떤 면에선 나 자신의 유한성과 마주하고 있었다.

나의 불안은 그날 밤 꿈으로 나타났다. 이전에도 한 번 꿨던 꿈이었다. 내가 레지던트 의사로 병원에 근무하는 첫해였다. 나는 아직 흰머리가 없는 열성적이고 젊은 의사였다. "코드 블루!" 방송이 요란하게 울려댔고 나는 스스로 놀랄 정도로 힘차고도 엄청난 속도로 병원 복도를 달려 나갔다. 젊은 의사였기에 체면을 차릴 필요도 없었고, 레지던트 근무 중에 응급상황도 여러 번 겪어 자신 있는 터였다. 나는 필요한 조치와 처방약에 대해 본능적으로 숙지하고 있었다. 꿈속에서 내 몸은 젊었을 때의 것이었으나 정신에는 10여 년의 치료 경험이 있었다. 환자 침대 옆에 자리를 잡고는, 경륜 있는 의사의 지식과 경험으로 무장한 채, 편안하고 자신 있게 오더를 내리기 시작했다. 온몸의 혈관 속으로 아드레날린이 세차게 흐르고 있었지만 내 맥박은 안정적이었고 나는 평정심을 잃지 않았다.

간호사 한 명이 흉부 압박을 실시하는 중이었고 다른 이가 녹색 공기주머니로 환자의 폐 속으로 공기를 주입하고 있었다. 또 다른 사람이 모니터를 체크하면서 약을 투여하는 중이었다. 나는 상황을 완벽히 통제하고 있었다.

"이제 압박을 중단하고, 맥박을 체크하죠."

그러고는 어찌된 일인지 내 심장이 사정없이 뛰기 시작했다. 나는 평정을 잃었다. 간호사가 공기주머니를 들어내자, 드디어 환자의 얼굴을 확인할 수 있었다. 아버지였다. 나는 비명을 질렀다.

땀에 흠뻑 젖은 채 잠에서 깼다. 호출기가 울리고 있었다. 가슴이 쿵쾅거렸다. 이불을 떨치고 일어났다. 여기가 대체 어디인가? 아직도 꿈속인가?

호출기가 또다시 울렸다. 아침 7시인데 발신자가 누군지 통 알 수 없었다. 뉴욕 전화번호로 누가 나를 부른단 말인가?

"볼란데스 박사님, 마크입니다. 방해해서 죄송합니다."

"무슨 일이죠? 아버지한테 문제가 있나요?"

"아버님은 괜찮으십니다. 뇌 CT 촬영사진은 별다른 이상을 보이지 않습니다. 좀 나아지고 계시긴 한데, 하체를 충분히 움직일 수 없으셔서 물리치료사에게 의뢰해 놓았습니다. 이 사실을 알려드리려고 전화드렸습니다."

"아 네, 잘 알겠습니다. 죄송합니다, 잠깐 착각을 해서… 한두 시간 후면 병원에 도착할 예정입니다. 어머니께도 전할게요. 감사합니다."

이른 아침에 환자 가족들에게 소식을 전하기 위해 나 또한 얼마나 많은 전화를 돌렸던가. 이제 내가 전화를 받는 처지가 됐다. 운 좋게도, 이번에는 좋은 소식이었다.

3월의 차가운 아침이었다. 어머니와 나는 서둘러 두꺼운 외투를 챙겨 입고 브루클린 다리의 교통정체 대열에 합류했다. 우리는 병원에 들어가 신경중환자실로 연결되는 투명한 유리복도를 지났다. 아버지는 침대에 앉은 채 빨대로 수프를 마시는 중이었다.

"이 음식은 냄새가 고약해! 간이 안 맞아. 누가 소금도 안 넣고 수프를 만든단 말인가?" 아버지가 불평했다.

어머니와 나는 그를 껴안고 인사를 했다. 아버지가 음식에 대해 불평을 한다면 정상으로 돌아왔다는 신호다. 걸음걸이가 불안정했지만, 정신과 몸은 그대로였다. 재활훈련을 받으면 완전하게 회복이 가능해 보였다. 의료진에게는 또 한 번의 현대 의학의 기적 사례에 해당하겠지만, 우리에겐 그저 아버지가 다시 본래의 자기 자신으로 되돌아온 것이다.

형제들이 도착했고 나를 괴롭히던 혼란과 아찔함이 서서히 사라졌다. 그날 오후, 마크와 의료 팀은 아버지를 신경중환자실에서 내보내줬다. 아버지는 병원에서 며칠간 물리치료를 받고 퇴원해서 재활센터에서 몇 주간 재활훈련을 받기로 했다. 모든 일이 잘 풀리면 부활절까지는 집으로 돌아갈 수 있을 것이다. 아버지 예후가 안심이 되자, 나는 작별 인사를 하고 다시 보스턴으로 향했다.

차 속에서, 앞으로 다가올, 피할 수 없는 미래가 뇌리를 후려쳤다. 언젠가, 아마도 그리 멀지 않은 장래에, 명절날 저녁식사를 아버지 없이 하게 될 것이고, 결국에는 어머니도 그 자리에 없게 될 것이다. 새 이름으로 바뀐 RFK 다리의 통행료를 지불하려고 톨게이트에서 차 창문을 내릴 때, 나는 소리 내서 울고 있었다.

∞

다음 날 아침 5시에 병원에 도착했을 때도 여전히 추웠다. 뉴욕으로의 긴급 여행과 그 모든 힘들었던 기억을 뒤로하고 최근 입원한 환자들에게 집중하기로 마음을 굳게 다졌다. 그때는 미처 몰랐지만, 내가 앞으로 만날 어느 환자와 그의 죽음을 목격하면서 오늘날 미국의 의료 현실에 대해 점점 커져만 가는 나의 불편감은 확실해졌다. 이를 개선하고자 하는 노력의 일환으로 본 회고록을 시작하게 된 셈이다.

이른 아침의 병원은 어찌 보면 으스스한 곳이다. 복도들은 휘황한 불빛의 형광등과 온통 하얀색의 벽면으로 눈이 부시다. 지나가는 직원들도 별로 없고 가끔 이송요원이 응급실에서 온 환자를 바퀴 달린 침대로 병실에 옮기는 정도다. 환풍기 돌아가는 소리나 엘리베이터의 도착 알림 소리 외에는 병원엔 정적만 가득하다. 병원이면 으레 들리기 마련인 그 혼잡한 소음이 부재하다는 것이 도리어 불안하게 느껴지기도 한다. 레지던트 시절 이후, 이토록 꼭두새벽에 병원 복도를 돌아다녀보기는 처음이었다.

병동 데스크에서 근무하던 간호사 멜리사는 나를 발견하고는 깜짝 놀랐다. "아니, 볼란데스 박사님, 여기 그린버그 병동에 이 시간에 웬 일이신가요?" 이 시간에는 레지던트를 보기 쉽지, 나처럼 선임 전문의가 돌아다니는 건 의외일 수밖에 없다.

"지난 이틀 동안 새로 입원한 환자들을 좀 살펴볼 수 있을까요?" 야간 근무 간호사와 함께 환자 차트를 점검하는 일은 일찍이 레지던트 시절에 배웠던 중요한 교훈이었다. 야간 상황 보고 또는 인수인계 등은 공식적으로 야간 당직 의사의 책임이지만, 사전에 미리 상황을 파악해두는 것은 언제나 유용했다.

멜리사는 환자 명단을 훑어 내려갔다 "어디 보죠, G.W, A.D, T.C,

J.V, A.T. 등 대부분 별일 없었어요. L.B 그러니까 릴리안 바다키안 환자만 빼고요. 32세이고 유방암이 광범위하게 전이된 상태예요. 양측 유방절제술 받았고, 방사선치료 이후 1,2차 항암치료 모두 실패했어요. 하지만 지금 환자에게 가장 시급한 문제는 고용량의 진통제 투여에도 골수전이 때문에 통증이 견딜 수 없는 정도라는 거예요. 혈압도 약하고 심박도 엉망입니다. 그리고 풀코드 상태예요.

"정말입니까? 풀코드라고요?"

"네, 풀코드요." 멜리사가 되풀이해서 말했다.

"그 환자는 스스로 결정을 내릴 수 있는 상태인가요?"

"만나는 타이밍을 잘 맞춰야 할 거예요. 가엾게도 그 환자는 언제나 통증 때문에 너무도 고통스러워해요. 담당 팀이 모르핀을 투여했고 환자가 아플 때마다 스스로 투약하는 진통 주사도 달아줬는데 환자가 사용을 하지 않고 있어요. 약을 너무 많이 쓰면 정신이 없어질까봐 안 쓰겠대요. 남편과 항상 정신이 멀쩡한 상태로 대화할 수 있길 원하고 있어요. 남편분은 부인 곁을 떠나지 않고 있고요. 아들 셋이 있는데 할머니 할아버지가 집에 와서 돌보고 있대요. 그렇게 아파하는 걸 지켜보는 것도 정말 속이 상해요. 너무 안타까워요."

대체 왜 그 환자는 이미 암으로 황폐해진 자신의 몸을 난폭한 심폐소생술이나 그 밖의 각종 응급처치와 병원 침대에 꼼짝없이 묶이는 일에 시달리게 두는 걸까? 몇 주, 아니 어쩌면 며칠 이상을 약속해줄 수 없는 의술일 뿐임에도? 차라리 마지막 귀중한 시간들을 남편과 아들 셋과 함께 가능한 한 고통 없이, 편안하게 보내는 것이 낫지 않는가? 답을 찾고야 말겠다는 생각에, 릴리안 바다키안 환자의 의료기록을 상세히 살펴보았다. 집안의 어머니 3대가 모두 이 끔찍한 병으로 사망했었다. 릴리안의 가족은 이번에는 다를 것이라 희망하지만 나는 이번에도 동일한 슬픈 결말이 예상됐다.

릴리안의 병실에 다가가서 그녀가 깨어있는지 보기 위해 방문을 살짝 열었다. 방 안을 채 들여다보기도 전에 성가聖歌와 클라리넷 소리가 먼저 새어 나왔다. 내가 어렸을 때 다니던 교회의 비잔틴 성가였다. 부모님이 부활절마다 부르는 전통 선율 그대로였다. 구슬프면서도 심금을 울리는 음악이다. 음악 사이로 릴리안이 조용히 흐느끼는 소리가 들렸다. 남편이 릴리안의 침대 옆에 무릎을 꿇고 그녀의 두 손을 꼭 움켜잡은 채 뭐라 속삭이고 있었다.

"방해해서 미안합니다. 저는 안젤로 볼란데스라고 합니다. 담당 의사 중 한 명입니다." 나와 아주 크게 나이 차이가 나지도 않는 환자와 가족에게 나 자신을 의사라고 부르는 게 왠지 불필요한 거리감을 조성하는 것도 같았다.

릴리안 남편이 침대 옆 스피커의 소리를 낮추고는 일어서서 옷깃을 바로 했다. "여기는 릴리안이고 제가 남편 라피입니다."

"안녕하세요, 의사 선생님." 릴리안이 앉으려고 애쓰면서 말했다.

"안녕하세요, 좀 어떻습니까?" 누가 봐도 명백히 고통의 와중에 있는 사람에게 이 무슨 터무니없는 인사던가.

"괜찮아요." 그녀가 대답하고선 곧바로 말한 것도 앉으려 한 것도 모두 후회하는 듯했다. 몸의 작은 움직임 하나에도 격렬한 통증과 경련이 즉시 일어났기 때문이다.

"우리 귀여운 세 아들을 소개하죠. 바탄, 아람 그리고 막내 라피 주니어랍니다." 라피는 전년도 크리스마스 사진을 내밀었다. 그와 함께 한결 건강해 보이는 릴리안과 아들 셋이 포즈를 취하고 있었다. "바다키안 가족이 전하는 메리 크리스마스."라는 문구가 적혀 있었다. 돌아오는 크리스마스 사진에는 아마도 한 명이 빠져 있으리라는 생각이 어쩔 수 없이 들었다.

"안젤로라는 이름은 이탈리아 쪽인가요?"

"실은 그리스입니다."

"맞아요, 그리스! 우리 아르메니아 교회에는 그리스 사람들이 많아요. 결혼하셨나요?" 그가 말했다. 나는 아르메니나 친구들이 꽤 있었다. 언어를 제외하고는 문화적으로 공통점이 많았다. 삶은 가족 전통에 깊게 뿌리내렸고 교회와 지역사회를 중심으로 돌아갔으며 무엇보다도 가장 중요한 것은 결혼하고 자녀를 낳는 일이었다.

"결혼했고 예쁜 딸아이 한 명 있어요."

"우리 아들들은 2살, 4살 그리고 6살이에요." 릴리안이 입가에 희미한 미소를 띠며 자랑스럽게 말했다. "그 아이들 때문에 제가 이렇게 견디는 거예요." 그녀는 고통이 견딜 수 없는 정도가 되자 약 버튼을 눌러 스스로 모르핀을 투여했다.

"우리는 부활절 때까지는 퇴원해서 아이들과 집에서 저녁을 같이 하길 바란답니다. 릴리안은 부활절 때 집에 있길 원해요." 라피가 덧붙였다.

부활절까지 남은 날짜를 확인해봤다. 거의 한 달 정도 남았었다. 이들은 정말로 릴리안이 부활절 때까지 살아 있으리라 생각하는 걸까? 릴리안에게는 며칠밖에 남지 않은 것이 분명한데, 지금으로부터 한 달은 생각할 수도 없었다.

"릴리안, 지금 앓는 병에 대해서, 그리고 진행 경과에 대해 어떻게 이해하고 있는지 얘기해줄 수 있나요?"

"상황이 좋지 않아요, 우리가 원했던 대로 잘 안되고 있어요."

"종양학과 담당 전문의와 주치의하고 이 시점에서 어떤 옵션이 있는지 얘기해봤나요?"

"우리는 어떤 것이든, 무엇이든 다 해보려고 노력 중이에요. 남편은 항상 인터넷으로 새로운 방법이 있는지 찾아보고 있고요." 릴리안이 통증을 참느라 말 한마디 한마디마다 길게 끊어서 힘겹게 말했다.

"어떤 새로운 화학요법이 개발되고 있는지 모르잖아요. 치료할 수 있는 가능성은 언제나 존재해요." 라피의 목소리에는 희망과 절망이 뒤섞여 있었다. 지난 수년간 내가 접했던 많은 부부와 가족들과 다를 바 없었다. 스톤 교수, 노나의 딸 애넌지아타, 미겔의 부인과 딸, 톰의 부인과 누나 그리고 그렇다, 나 자신의 가족도 포함된다. 라피가 부인의 임박한 죽음에 맞서는 동안 나는 각각의 케이스를 떠올렸다.

조금이라도 허비할 시간이 없었다. 릴리안은 빠르게 죽어가고 있었다. 이제 그녀가 이 세상에 남은 시간을 어떻게 보내고자 하는지 선택을 해야 했다. 병원에서 실낱같은 호전의 희망과 사실상 회복 확률은 거의 없는 채로 정맥주사 폴대를 매달고 있을 것인지 아니면 집에서 가족들과 함께 보낼 것인지. 어린 세 아들이 있어서 문제는 더욱 복잡했다. 릴리안이 병원에서 임종한다면 아이들은 앞으로 계속 살아갈 집에서 엄마가 마지막 숨을 거둔 기억은 모면할 수 있을 것이다. 결정을 내려야 했다.

"희망은 언제나 있습니다." 내가 말했다. "하지만 지금 암이 많이 퍼져서 뼈까지 번졌어요. 두 분과 터놓고 얘기하고 싶습니다. 함께 머리를 맞대고 릴리안과 가족 모두에게 가장 의미 있는 방향이 어떤 것인지 찾아보도록 하죠, 우리."

너무 앞서 나가고 있나? 너무 적나라한가? 그래도 나는 계속 이어나갔다. 릴리안과 라피가 필요한 모든 정보를 알고 있어야 한다는 생각이었다. "선택을 할 수 있습니다. 하지만 저는 지금 현재 릴리안의 삶에서 가장 중요한 것이 무엇인지 알아야 할 필요가 있습니다. 병원에서 계속 약물 처방으로 통증을 조절을 하는 방향으로 갈 수도 있지만 회복가능성은 희박하다고 봐야 합니다. 아니면 집에서 또는 요양원으로 가서 세 아들과 가능한 한 많은 시간을 보내는 방법도 있습니다. 통증에 필요한 약뿐만 아니라 도와주는 사람이 있도록 우리가 조치할 수 있습니다."

그들이 내 말을 이해했다고 생각했지만, 내가 하는 말이 무엇인지 실제로 눈으로 보게 할 필요를 느꼈다. 릴리안이 병원에 남거나 집 또는 요양원으로 가서 경험할 것이 무엇인지 충분히 이해를 하지 못한다면 릴리안 본인에게도 남편에게도 세 아들에게도 옳지 못한 일이 될 것이기 때문이다. 나는 그녀의 침대 옆으로 의자를 끌어와 앉아서 가운 주머니에서 아이패드를 꺼냈다. "짧은 교육 비디오 한 편을 함께 보시죠. 제가 말씀드린 선택 사항들을 영상으로 확인할 수 있습니다. 우리 모두 동일하게 이해를 하고 있는지 확실히 해두고 싶습니다."

라피가 아이패드를 받아서 릴리안과 같이 볼 수 있도록 눈높이를 맞췄다. 그 비디오는 중증 환자의 치료 목적에 대한 동영상으로 톰과 그의 가족, 우리 아버지를 포함해서 다른 많은 환자와 가족들에게 보여준 것이었다.

"이거 정말 도움이 되네요." 라피가 아이패드에 눈을 고정시킨 채 말했다.

동영상이 끝나자, 그들은 잠시 따로 있고 싶어 하는 눈치였다. "제가 몇 분간 밖에 나가 있을게요. 필요하면 동영상을 다시 틀어보고 대화를 나눠보시죠. 잠시 후에 다시 와서 의논을 더 해보도록 합시다."

간호 스테이션으로 향하면서 나는 릴리안의 어려운 처지에 대해 곰곰이 생각해보았다. 어린 아들 셋이 집에 있었고 막내 라피 주니어는 이제 겨우 엄마에 대한 기억을 만들고 있는 중이었다. 만약 릴리안이 부활절까지 살 수 있다면 그들이 함께 보낸 부활절이 아마도 엄마에 대한 유일한 기억이 될 것이다. 그런데 만약 내가 틀렸다면? 기적의 치료약이 이제 곧 나온다면? 그리 오래되기 전, 흑색종 환자들이 릴리안과 같은 처지였는데 환자 중 두 사람이 최근 개발된 약 덕분에 몇 개월 더 생명을 연장할 수 있게 됐었다. 릴리안의 경우에는 라피 주니어가 엄마와 보낼 귀중한 시간을 더 벌어주는 것이었다.

그러나 나는 암울한 통계 수치 또한 알고 있었다. 릴리안의 암은 가능한 모든 치료에도 불구하고 너무 진행돼버렸다. 릴리안과 동일한 말기암 환자들을 많이 봐왔고 모두 몇 주 안에 사망했다. 환자가 이 단계에 이르면, 기적은 존재하지 않고 단지 헛된 희망과 죽음이 임박했다는 현실이 있을 뿐이다. 우리는 릴리안을 위해 지금 이 상황에서 최선을 다해야 했다. 릴리안이 생각한 죽음은 병원에서인가 아니면 집인가? 마지막 순간에 아이들이 곁에 있기를 원하는가 아니면 아이들에게 너무 가혹한 기억이 될 것인가? 그토록 극심한 통증을 겪고 있는데 집으로 퇴원하길 희망할 경우 필요한 조치를 준비할 시간은 충분한가? 고려해야 할 것이 너무 많았다. 나는 릴리안의 병실로 돌아갔다.

"우리는 정말 감사드리고 싶어요, 선생님. 상황을 이해하게 해주셔서요. 특히 그 비디오가 도움이 많이 됐어요. 이제 우리 둘 다 상황을 완전히 알 것 같습니다. 그래서 현재 우리 가족에게 최선의 방법은 연명치료로 계속 밀고 나가는 거라고 봐요. 부활절까지만 버틸 수 있게 도와주시면 그때 다시 재고를 해보지요."

"릴리안, 그게 원하는 거 맞나요?"

"네."

그녀의 뺨 위로 흐르는 눈물이 통증 때문이었는지 아니면 자신의 처지에 대한 생각 때문이었는지 알 수 없었다. 릴리안은 풀코드로 남아있게 됐다. 나는 릴리안과 라피 둘 모두를 가볍게 포옹해주고, 그들의 선택을 존중하고 끝까지 지지해줄 것이라 말했다.

다음 날 아침 7시, 우리 팀은 회진을 돌기 전에 구내 커피숍에 모였다. 내 몸은 비록 여기 있었지만 마음은 다른 데 있었다. 릴리안과 라피 그리고 어린 세 아들에 대한 생각을 멈출 수가 없었다. 릴리안은 조만간 죽을 것이고 내가 할 수 있는 일은 거의 없었다. 나의 어린 딸이 생각났고 내가 또는 아내가 갑자기 죽게 된다면 딸의 인생이 어찌 될 것인가 상상해보았다. 우리를 기억할 수 있을까? 의사들이 매일 청진기를 귀에 대면서 듣는 입장에 있다는 것은 단지 운명의 장난일 뿐이라는 사실을 마음에 되새기게 된다. "그렇게 안 된 것은 하느님의 은총 때문입니다."*가 의사들의 매일 기도이다.

별안간 울린 사이렌 소리에 생각이 중단됐다. "코드 블루, 그린버그 5동! 코드 블루, 그린버그 5동!"

우리는 달려 나갔다. 릴리안이 위험했다. 엘리베이터를 지나쳐 계단을 뛰어 올라갔다.

라피가 릴리안의 병실 밖 복도에서 애타게 기다리고 있었다. 나는 병실로 들어서기 전에 다급히 라피와 눈만 맞췄다. 간호사들이 벌써 심폐소생술을 시작하고 있었다. 레지던트에게 코드를 진행하라고 명령했다. "흉부 압박 계속 진행하고 기도를 확보합니다. 브이핍이 올 경우에 대비해서 심장모니터와 패드 준비해주세요." 레지던트는 가장 뛰어난 레지던트 중 하나였다. 혼자 코드 진행하는 걸 맡길 정도로 믿을 만했다. 게다가 내가 할 일이 또 하나 있었다. 릴리안의 남편과 얘기하기 위해 밖으로 나왔다.

"라피, 릴리안의 심장이 멈췄어요. 지금 심폐소생술 하는 중이에요. 아내 옆에 같이 있어줄래요?" 10년 전, 내가 레지던트였던 시절에는 이 같은 의사의 말은 상상조차 할 수 없었다. 심폐소생술이 진행되는 동안 가족들의 접근은 일절 허용되지 않았다. 응급처치의 극단적인 모습이 가족들에게 상처가 되고 심리적으로 충격이 되리라는 우려에서였다. 그러나 의과대학 교수님이 나에게 항상 말해줬듯이, "자네가 의

---

* "There, but for the grace of God, go I." 출처가 불분명하지만, 코난 도일 등 영미문학 작가들에 의해 많이 인용된 구절.

술을 펼칠 때쯤이면 오늘 우리가 가르치는 것의 절반은 변할 거다. 그 반쪽이 어느 부분인지를 모를 따름"이다.

병원에서 소생술이 실시되는 동안 가족들이 옆에 있는 것은 더 이상 낯선 장면이 아니다. 주로 응급실에서 이뤄지고 때로는 중환자실에서도 일어난다. 지난 10년간 행해진 여러 연구 결과, 가족의 입회는 더욱 장려되었고 심폐소생술을 목격한 거의 모든 가족구성원들이 다음에도 기회가 있으면 또 입회할 것이라 밝혔다. 무슨 일이 일어나는지 눈으로 직접 확인할 수 있다는 것이 가족들의 불안과 공포를 덜어주었고, 사랑하는 가족 옆에 있어주고 지지해주고 싶은 마음을 채워주면서, 이후의 애도 과정에 도움이 되는 일종의 마무리라는 느낌을 더해주는 것이었다. 또한 직접 처치 과정을 목격하는 것은 의료진이 최선을 다했는가에 대한 일말의 의심도 없애주는 효과가 있다. 그리고 라피는 그와 릴리안이 가능한 모든 일을 다 했다는 사실을 알 필요가 있었다.

"아내 옆에 있어야 돼요." 라피가 말했다.

나는 그의 팔을 잡고 병실 안으로 들어가서 릴리안의 침대 머리 쪽으로 안내했다. 간호사 한 명이 릴리안의 흉부 압박을 강하게 실시하는 중이었고 다른 간호사 한 명은 녹색 공기주머니를 펌프질하면서 릴리안의 폐 속으로 공기를 주입하고 있었다. 다른 한 명은 구명 약을 투약 중이었다. 라피가 릴리안에게 다가가 몸을 숙이고 귀에다 조용히 속삭이기 시작했고, 의료진은 그 누구도 동작을 늦추지 않았다.

"이제 압박 중단하고 맥박 체크합니다." 레지던트가 차분하게 지시했다. 맥박이 없었다. "모니터 체크합니다. 브이핍 정지예요. 제세동기 차지합니다. 모두 물러서요." 모두들, 라피도 포함해서 한 발 뒤로 물러섰다. "실시. 맥박 체크하세요. 가슴 압박 다시 합니다." 라피는 다시 릴리안의 귀에 조용히 속삭이기 시작했다.

선임 의사로서 나의 역할은 우리가 올바른 처치를 행하고 있고, 그

것이 환자와 가족이 최선이라 여기는 것임을 확인해주는 일이었다. 나는 라피 뒤에 서서 한 손으로 그의 어깨를 잡고 우리가 현재 하고 있는 일이 무엇인지 설명해주는 동시에 계속해서 릴리안에게 말을 걸도록 격려했다.

시간이 얼마나 흘렀는지 기억이 나지 않는다. 또 무슨 약을 투여했는지 또는 릴리안이 심실세동 상태로 남았었는지. 하지만 어느 순간, 라피가 지금이라고 생각한 그 순간, 그는 우리에게 모든 것을 중단해달라고 요청했다. "부탁입니다, 중지해주세요. 감사합니다. 우리 아들 셋의 이름으로, 엄마를 위해 이렇게 노력해주고, 애써주신 것에 감사드립니다."

간호사들이 흉부 압박과 공기 주입을 중단했고, 레지던트 중 한 명이 정맥주사 주변에서 스며나온 핏방울을 닦아냈다. 방 안에 있는 모든 사람들의 눈에 눈물이 고여 있었다. 대부분 릴리안과 라피와 엇비슷한 나이 또래였고 어린아이들의 부모도 많았다. 라피가 릴리안과 함께 조용히 있을 수 있도록 모두 방에서 조용히 나갔다. 나는 아직도 그의 어깨에 한 손을 얹은 채 있었고, 더 할 수 있는 게 없어서 미안하다고 그에게 말했다.

"선생님은 할 수 있는 모든 걸 다 했어요. 우린 가망성이 어느 정도인지, 무슨 일이 벌어질지 알고 있었어요. 우린 아이들을 위해서 할 만큼 한 겁니다. 후회는 없습니다." 그는 릴리안의 손을 여전히 꼭 잡은 채 그녀의 머리맡에서 조용히 속삭이기 시작했다.

나는 릴리안의 얼굴을 바라보았다. 고개를 돌려 사진 속의 산타 모자를 쓴 아이들의 얼굴을 찬찬히 살펴보았다. 아이들 모두 릴리안과 닮았었다. 이 아이들이 다시 행복해지기까지 얼마나 많은 크리스마스를 보내야 할까?

∞

“브루클린 다리!” 나의 딸이 뒷좌석의 카시트에서 외쳤다.

“그리고 브루클린에 다리가 있으면, 건너편 다리 이름은?” 내가 물었다.

“맨해튼 다리!”

“맞았어요, 우리 공주님!”

나는 아내와 딸을 데리고 부모님과 부활절 저녁을 같이 하기 위해 보스턴에서 뉴욕으로 차를 몰고 가는 중이었다. 어린 딸이 어느새 나와 함께 다리 이름 맞추기 게임을 할 정도로 성장했다. 나는 보스턴의 다리 이름으로 이름 맞추기를 해봤지만 어쩐 일인지 보스턴의 자킴이나 롱펠로 다리는 뉴욕의 다리들만큼 재미있지 않았다. 보스턴의 다리 이름들은 들어도 특별한 감흥이 없었다. 아이들의 게임은 아이들이 재미있어 하는 만큼 부모도 재미있는 모양이었다.

차 속에서 아버지의 힘찬 음성이 들리는 듯했다. 지금의 목소리가 아닌, 우렁차게 울리는 듯한 그 목소리를 들은 지 벌써 꽤 오랜 시간이 흘렀다. 아버지는 첫 번째 심장발작 이후 목소리가 많이 변했다. 아버지 목소리가 정말 그토록 우레 같았던가? 아무렴, 무슨 상관이랴. 내게 들리는 그 목소리는 내가 기억하는 그대로였다.

올해의 부활절 저녁은 예년과 다소 다르게 진행될 예정이었다. 어머니의 구운 양고기, 스파나코피타Spanakopita* 그리고 바클라바Baklava**가 푸짐하게 상에 차려졌지만, 장소는 재활센터의 구내식당이었다. 아버지는 물리치료를 잘 받고 있었지만, 집에 올 정도로 회복된 건 아니었

* 그리스식 시금치 파이.

** 호두와 꿀 등이 가득한 패스트리 과자.

다. 그래도 구내식당 음식이 아닌 집 음식을 드시게 할 수 있다는 점이 다행이었다.

재활센터에서 저자와 아버지.

나는 서서히 적응하는 중이었다. 아버지는 앞으로 이전처럼 집에서 하던 일을 못할 공산이 컸다. 쓰레기를 내놓고, 식품점에 다녀오고 어머니의 명절 상차림을 돕는 등 아버지는 이 모든 활동을 하기 위해 도움이 필요할 것이다.

나는 아버지의 치료 방침을 받아들여야 했다. 멀지 않은 어느 날, 아마도 발신번호가 뉴욕인 호출을 받게 될 것이다. 어쩌면 어머니, 또는 아버지의 입원수속을 담당하는 병원 레지던트일 수도 있겠다. 언제나 우리 집의 의사 역할을 한 나이기에, 아마도 나는 이런 질문을 받을 것이다. "볼란데스 박사, 아버님의 코드 상태가 뭐죠?" 그러면 나는 생애 처음으로, 아버지와 그 세 글자를 같은 문장에 사용하게 될 것이다. "아버지는 DNR입니다."

부모님은 대화를 가졌고 그들이 원하는 의료서비스 유형에 대해 결정을 내렸다. 이는 그들에게 무엇이 의미 있는지 뿐만이 아니라 그들의 시각에서 가족에게 무엇이 의미 있을지를 보여주는 것이다. 두 분은 오늘날 병원에서 할 수 있는 여러 생명 연장 기술의 장단점을 고려할 기회가 있었고 훌륭한 최신 시술에도 한계가 있음을 이해하게 됐다.

또한 두 분은 각자의 선택과 그 선택에 수반되는 것들을 제대로 이해했음을 확실히 하기 위해 담당 주치의와 함께 비디오를 보고 의논하는 것으로 보충 작업도 실시했다. 환자들이 의사와 솔직한 의견 교환을 하고 임종기 선택에 대해 제대로 이해할 수 있는 여러 도구를 가진다면, 의료제도에 의해서가 아니라 자신들이 스스로 어떻게 살고자 하는지에 대한 최종 결정권자로 남을 수 있다.*

환자들이 조기에 그리고 자주 대화를 통해 임종기에 원하는 의료서비스를 받도록 하는 것은 풀코드이든, 완화의료이든 또는 그 중간이든 사람들이 원하는 임종기 의료서비스와 실제 받는 의료적 처치 사이의 끔찍한 혼선을 바로잡을 수 있는 유일한 방법이다.

의료시스템은 환자들이 생애 말기에 받는 의료적 처치가 본인들이 원하는 것과 일치하는지 명확히 보장해야만 한다. "올바른 치료를 올바른 시점에 그리고 환자의 희망대로"는 모든 병원의 사명 강령에 포함돼야 할 것이다.

아버지가 머무는 재활센터 옆의 주차장으로 차를 대면서 내 생각은 200여 마일 북쪽인 보스턴에 가 닿았다. 그 부활절 일요일, 바다키안 집의 어린 세 아들 곁에 엄마는 없었다. 아빠의 온갖 노력에도 어린 아

* 현재 미국의 의료시스템에서는 환자보다는 보험회사가 더 많은 권한을 행사하는 것을 빗대어 말하는 것임.

들들은 엄마와의 때 이른 이별을 쉽게 받아들이지 못할 것이다. 나는 라피와 릴리안이 마지막 순간을 어떻게 보낼 것인가 함께 결정을 내렸고, 라피가 마지막으로 그녀를 떠나보내는 순간도 직접 선택했었던 사실에서 라피가 조금이나마 위안을 얻기를 바랐다.

차 문을 열고 뒷좌석의 카시트에서 딸의 벨트를 풀어 딸을 들어서 가슴에 꼭 안으며 내 몫을 다 할 것을, 그리고 나의 모든 환자들과 대화를 계속 할 것을 마음속으로 맹세했다.

Afterword

"No One Ever Asked Me What I Wanted"

후기

"아무도 내가 무엇을 원하는지 물어본 적이 없다."

89세라는 원숙한 나이의 다나카 할아버지는 제1차, 제2차 세계대전을 치르고, 악명 높은 일본인 수용소를 경험했다. 아내와의 행복했던 60년의 결혼생활, 다섯 아이의 출생, 아내의 죽음 그리고 10여 명의 손주와 증손주들이 전국에 흩어져 살아가는 것을 지켜보며 살아왔다. 이제 그는 요양원과 호놀룰루의 대형 병원을 오가며 지내고 있다.

다나카 할아버지와 그의 부인은 보다 느긋한 생활을 위해 은퇴 후 하와이에서 지내기로 했다. 서부 해안의 단층 저택을 팔아 호놀룰루에 콘도를 한 채 장만했다. 휴양지에서의 이들의 삶은 크리스마스 때는 자녀들의 방문으로, 그리고 봄방학 때는 손주와 증손주들의 쉴 새 없는 방문으로 절정을 이루곤 했다. 하지만 부인의 죽음으로 이 모든 것은 끝났다. 얼마 안 있어 다나카 할아버지는 스스로 몸을 가눌 수 없게 됐다. 그는 콘도를 팔고 어시스티드 리빙Assisted Living* 단지로 이사했고, 곧이어 단지 내 요양시설로 거처를 옮기게 됐다.

그의 몸은 서서히 쇠락하면서 요로 감염과 그 밖의 증세가 나타났다. 합병증이 일어날 때마다 병원에 입원했다가 다시 요양시설로 되돌아오곤 했다. 이런 일이 빈번하게 발생하다 보니 그는 대체 왜 병원에서 그를 집으로 돌려보내는지 종종 궁금해했다. 그러나 이번에는, 집에 돌아가면 더 이상 병원에 올 일이 없을 것이다.

"어르신, 저희는 의료적인 부분과 관련해서 어르신의 선택을 확인하고 존중하고자 합니다." 요양시설의 한 의사가 그에게 말했다. "지금 주州 전체 규모로 새롭게 실시되는 정책이 있는데, 저희 거주자 모두를 대상으로 의견을 묻는 거랍니다. 의료서비스와 관련해서 가족분들과 어르신의 희망 사항에 대해 의논해보신 적 있나요? 어떻게 지내길 원하시는지에 대해서는요?"

다나카 할아버지는 고개를 내저었다.

"좋습니다, 89세라도 시작하기엔 전혀 늦지 않았지요. 우리가 대화를 진행하기 위해서 다른 사람들이 정말 도움이 됐다고 하는 이 교육 비디오를 같이 보셔야 돼요. 영어가 편하신가요? 아니면 일본어가 좋으신가요?"

다나카 할아버지는 모국어인 일본어로 비디오를 볼 수 있다는 사실에 놀랐다. 그는 자녀들이 영어를 선호하다 보니 같이 일본어를 쓸 기회가 별로 없었고 일본어 자체를 모르는 손주들하고는 아예 일본말을 시도조차 하지 않았었다. 그는 일본어 버전이 좋겠다는 표시를 하고 묵묵히 비디오를 시청했다. 단어 하나, 장면 하나도 꼼꼼히 놓치지 않았다.

---

* 노약자들의 생활 및 의료간병이 지원되는 유료 주거시설.

비디오가 끝나자, 의사는 그에게 어떻게 생각하느냐고 물었다. 그는 잠시 침묵을 지키다 대답했다.

"아무도 내게 무엇을 원하느냐고 물어보지 않았어요. 이 나라에서 89년을 살았는데 내가 무얼 원하는지 누군가 물어보는 게 지금이 처음이오."

그 후 몇 분 동안, 다나카 할아버지와 의사는 요양시설의 정원에서 향기로운 플루메리아* 꽃향기를 맡는 기쁨과 따뜻한 아침 햇살이 살결에 와 닿을 때의 행복감 등 그의 삶에 의미를 주는 것들에 대해 대화를 나눴다. 그는 남은 나날들의 양보다는 질에 더 집중하고 싶다는 희망도 피력했다. 89세의 나이에, 결정해야 할 의료적인 부분들이 아직 더 남아 있었지만, 그는 그 자신의 의료서비스와 운명에 대해 주도권을 잡기 시작했다.

다나카 할아버지의 이야기는 하와이 주에서 어렵지 않게 찾아볼 수 있는 많은 케이스 중 하나다. 하와이는 현재 임종기 의료서비스의 질을 획기적으로 개선하고자 하는 의료 부문 혁신의 핵심 지역으로 꼽힌다. 주의 의료시스템을 변화시키기 위한 3개년 계획의 하나로, 주 전체적으로 대화를 우선순위로 올려놓고 있다. 이는 비영리단체인 하와이 의료협회Hawaii Medical Service Association가 주관하고 거의 모든 병원, 요양시설, 보험회사, 임상의 그리고 호스피스 시설 등 약 1,000여 개의 다른 독립적인 기관들이 참여하는 대대적인 노력이라 하겠다.

하와이 주의 주민들 중 생애 말기 결정을 내려야 하는 상황에 처한 이들은 가족과 의료진과 함께 대화를 갖도록 권장되고 있다. 이 같은 의견 교환을 촉진하고 개개인이 각자의 옵션에 대해 보다 잘 이해하게

* 열대성 기후에서 자라는 식물로 하와이를 대표하는 꽃이다. 하와이 방문 시 환영 꽃목걸이나 화환 등에 많이 쓰인다.

하기 위해, 환자들에게는 담당 주치의와 간호사와 함께 비디오를 시청할 기회가 주어진다. 비디오는 주에서 통용되는 7개 나라의 언어로 제공된다. 이러한 기념비적인 노력의 목표는 이 문제를 둘러싼 문화를 변화시키고 환자들이 "중심에서, 주도권을 갖고 스스로의 웰빙을 책임질 수 있게 하는 것"이다.

내가 방문하던 날 인터뷰한 간호사가 최근 환자와 가졌던 대화를 들려주었다. 그녀는 심장병으로 인한 숨찬 증세 때문에 입원하게 된 필리핀 출신의 연로한 환자의 수속을 도왔었다. 그와 함께 병력 사항과 약 처방 내용, 알러지 반응 유무 등을 같이 체크하고 그가 어떤 형태의 의료서비스를 원하는지에 대해 상의하기 시작했다.

간호사가 비디오를 같이 보기 위해 태블릿 컴퓨터의 '재생' 버튼을 누르자, 환자가 물었다. "혹시 세 가지 선택과 관련한 의료서비스 동영상인가요?" 알고 보니 그는 주치의 사무실에서 이미 해당 비디오를 보았고 주치의와 대화를 나누고 심지어는 그의 희망 사항을 기재한 서류 작성도 완성했다는 것이다.

하와이에선 많은 환자들이 비디오를 시청한 후 대화를 시작하고 있다. 이는 의료서비스 제공자와 비용부담자 컨소시엄에서 기울인 각고의 노력의 결과다. 개인 병원에서, 종합병원에서 또는 다나카 할아버지가 머무는 곳과 같은 요양시설의 그룹 미팅에서도 이루어지고 있다. 의사들이 여유를 되찾고 더 이상 반사적으로 최신의 의료장비를 찾지 않고, 환자들과 대화하는 것을 우선시하는 날을 우리는 상상해볼 수 있을까?

하와이 주는 의료서비스 문화의 변화를 최우선 과제로 하는 미국 최초의 주 중 하나다. 이제 다른 주들도 하와이의 뒤를 따라오고 있다. 그 뿐만 아니라, 카이저 퍼머넌트Kaiser Permanente 같은 거대 의료서비스 업체와 대형 학교병원 및 소형 지역병원 그리고 도시와 지방의 의원급 병원도 현재의 관행을 변화시키기 위해 환자들이 원하는 치료를 받을 수 있도록 환자 및 환자 가족들과 대화를 갖는 것의 중요성을 강조하고 있는 실정이다.

하와이에서 보스턴으로 돌아오는 길에 최신 연구 보고서를 읽게 됐는데, 환자가 중심이 되어 직접 의료서비스를 선택할 수 있기까지 현재의 의료시스템이 얼마나 갈 길이 먼지 새삼 확인하게 됐다. 그 보고서에서는 일군의 중증 환자들이 병원에 입원한 뒤 1년 동안 추적 관찰대상이 됐다. 연구가 실시되기 이전에 담당 의사와 대화를 가진 환자는 전체 중 절반에 불과했고, 그 결과 환자들의 의료기록에는 각자의 선호도와 관련해서는 빈약한 내용뿐이었다.

조사 연구가 시작되면서, 환자들에게 선호하는 의료서비스에 대한 질문이 행해졌다. 약 절반 정도가 심폐소생술이나 인공호흡기 같은 침습적인 처치를 원하지 않았다. 이후 환자들에게 어떤 일들이 일어나는지 보기 위해 환자들은 1년간 관찰됐다. 부담스러운 의료시술을 원치 않는다고 했던 환자 중 5분의 1에 해당하는 환자가 본인의 뜻과 상관없이 해당 처치를 받았다. 이들은 인공호흡기를 달아야 했고 다른 원치 않는 시술도 받아야 했다. 원치 않은 시술을 하게 된 원인은 다음과 같았다. 관련 서류가 없거나 부정확했고, 의료진이나 보호자의 잘못된 정보 전달과 무엇보다도 가장 중요하게는 의사가 환자와 대화를 실시하지 못한 점이었다. 의사들이 환자에게 먼저 다가가서 환자의 의료서비스에 대한 희망 사항을 확인하지 않는다면, 환자들은 모든 생명연장 조치를 받는 것으로 자동 분류될 수밖에 없다. 환자 본인이 원하든 원하지 않든 상관없이 말이다. 결국, 원치 않는 의료서비스라는 문제의 본질은 사전동의Informed Consent*라는 근본적인 문제로 귀결된다. 중

* 의사로부터 치료나 처치 등에 대한 충분한 설명을 듣고 이해한 뒤 환자나 보호자가 동의함을 의미하는 의료용어.

환자들은 본인들이 결코 동의한 적 없는 의료적 처치를 자주 받는다. 더욱 심각한 문제는, 의사와 간호사 그리고 사회복지사들이 제대로 주의를 기울이고 환자들과 대화를 했었다면 이 같은 의료적인 착오들은 충분히 예방할 수 있다는 점이다.

의료과실은 통상 의사들이 부적절한 처치나 치료 방침을 실시하는 인적 오류human error라 불린다. 의료과실의 사례에는 다음의 경우들이 포함된다. 엉뚱한 부위에 수술을 하는 것, 다른 환자에게 약을 주입하는 것 또는 수술 중인 환자에게 엉뚱한 혈액을 수혈하는 것 등이다. 심폐소생술이나 인공호흡기 그리고 영양관 삽입과 같은 침습적인 의료처치가 환자의 동의 없이 실시된다면 마찬가지로 의료과실로 간주돼야만 한다.

비행기가 보스턴으로 하강하기 시작했고 나는 창밖을 내다보았다. 의사로서 일하는 동안 내가 개인적으로 책임이 있다고 할 수 있었던 그 모든 원치 않았던 처치에 대해 떠올려 보았다. 나 또한 대화를 하지 않았던 경우가 많았고, 환자가 무엇을 원하는지 물어보지도 않고 정신없이 의료적 처치를 연달아 시행한 적도 있었다. 의사로서 환자의 생명을 연장하기 위해 필요한 모든 조치를 취하기 이전에, 환자가 무엇을 원하는지 묻도록 스스로를 재프로그래밍하기 위해서 해야 할 일이 있다. 의사는 무엇보다도 기억하고 싶지 않는 과거의 고통스런 과오를 먼저 인정하는 것에서 시작해야 할 것이다. 이 책은 나의 일기장이자 그 같은 경험의 고백서이기도 하다.

나의 바람은 우리 모두가 삶의 모든 시기를, 원하는 방식대로 살 기회를 갖는 것이다. 이것이 이루어질 때까지 나는 끝까지 최선을 다해 "질병을 다룰 때는 이 두 가지, 환자가 나아지게 하거나, 또는 환자에게 해를 끼치지 않기" 위해 노력할 것이다.

THE CONVERSATION

A REVOLUTIONARY PLAN FOR END-OF-LIFE CARE

Appedix 1~4

부록 1

대화하기(환자용)

환자와 대화를 처음 시도해본 지 벌써 꽤 많은 시간이 흘렀다. 그때 이후부터 지금까지 내가 환자 및 가족들과 대화를 가진 횟수는 수백 번 이상에 달한다. 시간이 지나면서 대화를 진행하는 방식에 변화를 주게 됐다. 각각의 대화는 그 다음번 대화에 영향을 끼쳤다. 오래전 임종을 맞이한 환자들은 나와 새 환자와의 대화 속에서 계속 살아 있다.

대화가 결코 쉬운 작업이 아님에도 불구하고 공통된 지점들이 있기에 충분히 학습될 수 있다. 나는 항상 이 같은 대화를 일찍 그리고 자주 하도록 환자들에게 권하는 편이다. 이 책에 나온 이야기들은 환자가 대화를 갖지 못할 경우 의료서비스가 얼마나 잘못된 방향으로 나갈 수 있는지 일깨워주는 강력한 도구인 셈이다.

교훈 1: 대화를 나누자

타라스 스크립첸코 이야기가 주는 교훈은 다음과 같다: 담당 의사가 대화를 먼저 할 때까지 기다리지 마라. 환자 스스로 먼저 가족, 친지 그리고 담당 의료진과 대화를 시작하라.

의과대학에서의 공부는 의료기술에 초점을 맞추고 있지 의사소통 능력에 초점을 맞추진 않는다. 환자와 의사의 짧은 면담 시간 중 의료적 처치에 관한 논의가 상대적으로 많은 시간을 차지할 수밖에 없다. 현재 의사들이 대화를 시작하도록 뒷받침해주는 구조적·재정적 지원은 극히 적은 상황이기에 환자들은 스스로 대화를 시작할 수 있도록 사전에 준비돼야 한다.

다음은 당신이 의료서비스를 고려할 때 무엇을 중요하게 생각하는지 헤아려보는 데 도움이 될 만한 4개의 주요 질문이다. 내가 추천하는 것은 환자가 자리에 앉아 펜과 종이 또는 컴퓨터로 이 질문에 답을 해보는 것이고, 잊지 말고 답변을 꼭 저장하길 바란다.

1. 나에게 가장 중요한 것은 어떤 종류의 것인가?
나를 기쁘게 해주는 것은 무엇인가?

삶의 시기에 따라 중요한 것은 달라지기 마련이다. 톰 캘러핸의 경우, 그에게 가장 중요한 것은 집에서 가족과 함께 있는 것이자 그가 좋아하는 아일랜드 노래를 부르는 것이었다. 바로 그 같은 활동들이 톰에게 삶의 의미와 가치를 더해주었다. 나의 부모님의 경우, 손주들과 같이 있을 수 있는 것과 자녀들에게 짐이 되지 않는 것이 가장 중요했고 이에 근거해서 의사 결정이 이루어졌다.

2. 내가 아프거나 병원에서 치료를 필요로 하게 될 경우, 무엇이 가장 걱정되는가?

나의 환자 중 한 명이 이 질문을 받고는 나를 쳐다보며 이렇게 답했다. "내 몸이 깨끗하지 못하거나, 온전하지 못할까봐 걱정됩니다. 또 너무 아플까도 걱정이 돼요." 많은 사람들은 질병 때문에 스스로 운신하지 못할 것을 걱정한다. 노나 브루노의 경우, 더 이상 혼자서 목욕이나 식사를 할 수 없었고 혼자 화장실에 갈 수도, 스스로 사고를 할 수도 없었다. 자기 몸에 대한 통제력을 상실할 수 있다는 두려움은 많은 사람들에게 견디기 힘든 문제로 다가온다. 또한 통제력과 밀접하게 연관돼 있는 두려움이 바로 극심한 통증과 고통에 대한 것이다. 임종기 의료서비스와 관련된 대화를 할 때, 자신의 두려움과 걱정에 대해 충분히 짚고 넘어가야 지금 오늘을 제대로 살고 내일을 계획할 수 있을 것이다.

3. 나의 병세가 아주 나빠질 경우, 피하고자 하는 특정 의료 처치가 있는가?

어떤 이들은 병세가 매우 나빠져서 인공호흡기나 그 밖의 생명 연장 장치에 몸이 연결되는 것 자체를 생각하는 것만으로도 끔찍해서 차라리 그 상황을 영원히 경험하지 않기를 바라기도 한다. 다른 이들은 그와 같은 의료적 처치를 선택하는 것이 살고자 하는 자신들의 의지를 적극 반영해준다고 느끼기도 한다. 헬렌 톰슨 교수의 경우, 중환자실 투어를 통해 목격한 인공호흡기와 생명 연장 조치들은 본인의 몫이 아니라고 느꼈다. 미겔 산체스는 기도 삽관을 경험하고는 다시는 되풀이하고 싶지 않다고 했다. 릴리안 바다키안의 생각은 달랐다. 당신이 적당하다고 생각하는 의료적 처치는 어디까지인가? 과하다고 느끼는 것의 기준은 무엇인가? 가장 알맞다고 느껴지는 것은 무엇인가? 이 모든 질문들에는 개개인별로 다른 선택이 있을 것이고 심도 깊은 내적 성찰이 필요하다.

병세가 매우 좋지 않은 환자들이 선택 가능한 처치의 종류에 대해 아직 잘 숙지를 못하고 있다면 지금이 그것에 대해 알아나가야 할 때이다.

4. 나의 치료 방침을 결정하는 데 있어 특별히 기준으로 삼는 믿음이나 신념이 있는가?

종교적, 영성적, 심리적 그리고 문화적 신념은 많은 이들에게 삶의 질서와 의미를 가져다준다. 이 같은 신념들은 의료적 처치에 관한 결정을 내려야 할 때 도움이 될 수 있다. 노나와 톰의 가족에게는 가톨릭 신앙과 기도가 병을 이해하는 데 핵심적인 역할을 했다. 일라이자 존스는 하나님이 집으로 부르기 전에 지상에서 보낼 시간을 추가로 받은 것이라 느꼈다. 다른 이들에게는 철학적 또는 문화적인 신념들이 유사한 기능을 하리라 본다.

이 질문들은 일회적으로 답하고 끝내기보다는 시간이 지나면 다시 한번 고려해야 하는 과정이라 이해하는 편이 좋을 것이다. 당신의 건강 상태가 변화하면서 질문에 대한 답변 또한 변할 수 있다. 중환자의 경우, 아래의 추가 질문들에 대해 고려하는 것이 도움이 될 것이다.

1. 당신은 삶의 양과 삶의 질에 대해 어떻게 생각하는가? 가능한 한 오래 산다는 것이 당신에게 얼마만큼 의미가 있는가? 이를 위해 통증과 고통을 겪어야 한다면 어떻겠는가?
2. 삶의 길이와 삶의 질 중 한 가지를 선택해야 한다면 당신에게 더 중요한 쪽은 어느 쪽인가?
3. 향후에 무슨 일이 있어도 꼭 참석하고 싶은 중요한 행사가 있는가?

4. 주변 사람과 소통을 할 수 없을지라도 통증을 피하고 싶은가?

5. 임종을 집에서 맞이하는 것이 중요한가?

릴리안 바다키안은 가족들과 마지막으로 명절을 한 번 더 같이 보내기 위해서라면 끔찍한 고통도 기꺼이 감수할 의사가 있었다. 다른 이들에게는 삶의 질이 다른 무엇보다도 중요할 수 있다. 이 경우 통증과 고통을 피하는 것이 1차 고려 대상이 된다.

이상의 질문들은 쉽게 답할 수 있는 것들이 아니다. 그리고 답을 궁리하면서 마음이 불편해지는 것은 지극히 정상이다. 그럼에도 불구하고, 의사 결정을 피하는 것은 더 이상 능사가 아니다.

교훈 2: 소중한 이들에게 나의 선택을 알리자

노나 브루노와 미겔 산체스 이야기의 교훈은 다음과 같다: 당신의 생각을 혼자만의 것으로 두지 말라. 의료서비스와 관련된 서류 작성을 완성하기 전에 소중한 이들에게 당신의 결정을 알려라.

환자의 병세가 심해져서 더 이상 혼자 의사 결정을 하기 어려울 경우, 의료진들은 주로 환자의 배우자, 가족 그리고 친구들에게 의견을 구하게 된다. 안타깝게도 이들 중 대부분은 환자가 생애 말기에 무엇을 원하는지 모르는 경우가 많다. 때로는 가족 내 분위기상 내려진 결정이, 환자 본인이 의식이 있었다면 결코 원하지 않는 방향으로 가기도 한다. 특히 환자가 의료진들로부터 어떤 선택권이 있는지 사전에 이야기를 들었다면 더더욱 거부했을 처치들이다.

나는 주로 환자들에게 명절 모임 때 가족들과 얘기해보라고 권한다. 돌아오는 명절 모임에 가족들에게 당신의 결정에 대해 한번 이야기를 꺼내보라. 한 번의 대화로 모든 것을 정할 필요가 없다. 당신과 그런

이야기를 나누는 것을 불편해할 가족들에게는 좀 더 시간이 필요할 수도 있다. 조용하고 편안한 장소에서 대화를 시도해보라. 한가한 산책길도 좋고 긴 드라이브길도 좋다.

단순하고 단도직입적으로 말문을 여는 것도 대화를 시작하는 좋은 방법이다. 이전에 사망한 친척이나 친구를 거명할 수 있고, 신문에 나온 질병 관련 기사를 인용하거나 아예 요즘 핫이슈라 전제하면서 대화를 시작할 수도 있다. 아니면, 다른 접근법으로 당신의 삶에 의미를 주는 것에 대한 이야기를 하는 것으로 이야기를 꺼내볼 수도 있다. 이런 대화들은 그 성격상 감정적으로 부담스럽기도 하고 가족들은 처음에 말하기를 꺼려할 수도 있겠지만, 당신에게는 무척 중요하다는 것을 강조하라. 대화는 특정한 순서를 따를 필요가 없이 그냥 전개되는 대로 편하게 놔두면 된다. 하지만 당신에게 중요한 점이 무엇인지 강조할 필요는 있다.

그 이후에는 당신이 가졌던 대화를 정리한 메모나 편지를 한번 작성해보고 가족들에게 보여주도록 하라. 어떤 이들은 자신의 생각과 희망사항을 스마트폰이나 태블릿 PC 등으로 동영상을 찍어서 가족들에게 이메일로 보내기도 한다. 당신은 가졌던 대화에서 무엇을 기억하고자 하는가? 다음에 해야 할 일들은 무엇인가? 당신의 가족이나 친구들이 당신이 원했던 대로 반응을 보이지 않으면 다음에 다시 시도해보라. 당신에게 이 대화가 중요하다는 것을 가족들이 이해하기까지 시간이 걸릴 수도 있다.

마지막으로, 당신이 준비가 됐다면 어떤 서류를 작성해야 하는지 확인해볼 차례다. (의료 대리인과 사전유언과 관련해서는 부록 2를 참고할 것을 권한다.)

교훈 3: 의사와 대화를 나누고 당신의 옵션에 대해 파악하라

헬렌 톰슨과 일라이자 존스 이야기의 교훈은 다음과 같다: 담당 의사와 대화를 나눠라. 당신의 옵션에 대해 파악하라. 아는 것은 힘이고 오늘처럼 시각적 매체가 발달된 상황에서 동영상은 특히 당신의 옵션에 대해 이해할 수 있도록 도움을 줄 수 있다.

당신에게 중요한 것이 무엇인지 생각하고(교훈 1) 그 생각들을 가족과 친구들과 나누고(교훈 2) 이제 남은 것은 그 같은 희망 사항을 서면으로 남기는 작업인데 여기에는 담당 의사와의 대화가 필요하다.(교훈 3)

대부분의 의사들은 생애말기 처치에 대해 이야기를 꺼내지 않을 것이기에 당신이 적극적으로 나서야 할 필요가 있다. 담당 의사에게 당신이 사전의료지시서를 작성한 것을 알리고 당신이 인생에서 중요하게 여기는 것이 무엇인지 얘기를 나눠야 한다. 쉽게 말을 꺼내기 위해 다음처럼 말해보는 방법이 있다. “볼란데스 선생님, 제가 병이 심각해질 경우 어떤 선택을 할 수 있는지에 관해 이야기를 나누고 싶습니다.” 담당 의사가 당신의 희망 사항을 충분히 이해하고 수용하는지, 또한 당신에 관한 파일이나 서류 등의 복사본을 갖고 있는지도 확인해보아야 한다.

너무도 많은 환자들이 의사를 선택하는 데 있어 임종기 처치와 관련된 의사의 태도나 접근법 등에 대해 충분히 알아보지 않고 있다. 대부분 주로 어느 의과대학을 나왔는지, 의사가 남자인지 여자인지, 젊은지 나이 들었는지 그리고 심지어는 의사가 주말에도 진료를 보는지를 묻는 편이다. 물론 환자에게는 이 모두가 중요한 요인들일 수 있지만, 의사를 선택함에 있어 똑같이 중요시해야 하는 기준은 바로 당신이 중병을 앓게 될 경우 의사가 당신과 솔직하게 대화를 나눌 수 있는가의 여부다. 당신이 중병에 걸렸다면 담당 의사가 당신과 당신 가족들에게 터놓고 솔직하게 얘기할 것인가? 더 이상의 치료가 효과를 보이지 않

을 경우 담당 의사가 그 사실을 당신과 당신 가족들에게 제때 알려서 당신이 평소에 원하던 대로 선택을 할 수 있을 것인가? 생애 말기에 당신이 고통을 겪지 않고 필요한 지원을 받을 수 있도록 해당 분야의 적임자를 찾는 데 담당 의사가 도움을 줄 것인가? 삶의 가장 어려운 시기에 당신이 믿을 수 있는 의사를 아는 것은 그 의사의 성별이나 나이와는 비교할 수 없는 문제다. 생애 말기에 당신이 원하는 최고의 의료서비스를 받기 위해서는 당신과 담당 의사가 서로 간에 충분히 이해하고 동의하는 것이 무엇보다 중요하다.

담당 의사야말로 당신의 전반적인 건강상태와 주요 문제를 알 수 있는 유일한 사람이기에 그에게 당신이 원하는 의료서비스에 관해 말하는 것은 필수불가결한 사항이다. 당신이 선택을 내려야 할 때 질병의 예후에 따라 어떤 선택을 할 수 있는지가 결정될 수 있기 때문에 더더욱 중요하다. 헬렌은 진행 속도가 빠른 말기 뇌종양을 앓았고 일라이자의 신장은 더 이상 제 기능을 하지 못했다. 두 사람 각자 내린 결정은 질병의 말기 단계라는 것과 그 상태에서 가능한 의료적 처치를 인지함에 따라 전적으로 내릴 수 있었던 것이다. 이 같은 세부 사항을 알려줄 수 있는 유일한 사람이 바로 당신의 담당 의사이다. 담당 의사야말로 당신의 희망 사항을 구체적이고 실행 가능한 의료 계획으로 전환시킬 수 있다.

당신이 어디에 거주하든 또는 어느 병원에서 치료를 받든지 의사들은 세 가지의 기본 치료 방침을 구분할 것이다. 연명의료Life-Prolonging Care, 제한적 의료Limited Medical Care 그리고 완화의료Comfort Care다.

연명의료는 어떤 방법으로든 생명을 연장하는 것을 목표로 한다. 심폐소생술, 인공호흡기 그리고 중환자실에서 이뤄지는 모든 처치 등을 포함해서 오늘날의 병원에서 제공되는 그 모든 의료 처치를 의미한다.

제한적 의료는 신체적 기능 유지를 목적으로 한다. 이를 위해 입원,

수액요법 그리고 약물 투여 등을 실시하지만 심폐소생술이나 중환자실에서 이루어지는 침습적인 처치는 실시하지 않는다.

완화의료는 환자에게 최대한의 편안함을 주고 통증을 제거하는 것을 목표로 한다. 이에 따라 편안함을 주는 보조적인 처치만 실시된다. 산소 공급과 통증 조절 약물이 사용되고 환자의 안위가 위협받는 경우에만 침습적 치료와 입원이 이루어진다.

이상 세 가지의 치료 방향과 대화를 시작하는 세 단계를 하단의 링크를 통해 다시 한번 확인해서 당신이 원하는 방향대로 원하는 치료를 원하는 시점에 받을 수 있도록 하기 바란다.

http://www.theconversationbook.org

부록 2*

자신의 건강에 대한 주도권을 갖고 사전의료지시서 작성하기

당신은 살아오면서 무수히 많은 중요한 결정을 내렸다. 그 같은 결정을 내릴 수 있었던 것은 한 개인으로서 당신이라는 사람의 기본적인 성격을 보여주는 것이기도 하다. 우리는 대부분 항상 스스로 결정을 내릴 수 있을 것이라 당연히 생각한다. 그러나 인생이란 우리 마음대로 할 수 없는 부분들이 있다. 그 대표적인 것이 바로 병에 걸리는 것이다. 그리고 때로는 사람이 무척 아플 경우, 어떤 치료 방향을 선택해야 할지 혼자 결정하지 못할 경우가 있다.

당신은 지금 당장 특별한 중병이 없을지 모른다. 또는 당신이 무척 아플 경우 무슨 일이 벌어질지 특별히 생각해보지 못했을 수도 있다. 하지만, 어떤 면에서 우리네 건강은 날씨와도 같다. 폭풍이 서서히 발생하고 있는지, 또는 정확히 언제 몰아닥칠지 우리는 모른다. 일단 닥

---

* 본문의 내용은 미국적 상황에 해당하므로 현재 국내 상황과는 다소 상이한 지점이 있다.

치고 나면 준비하기엔 이미 늦은 것이다. 준비야말로 당신과 당신 가족이 폭풍을 무사히 견뎌낼 수 있게 할 것이다. 그래서 폭풍이 닥치기 전에 당신 가족과 담당 의료진에게 당신이 원하는 종류의 의료적 처치에 관해 미리 얘기해 놓는 것이 중요한 것이다. 이러한 사전 계획이 있을 경우 주변의 모든 이들은 당신이 받는 치료가 당신이 꼭 원했던 것임을 명확히 알 수 있게 된다.

사전의료지시서는 당신이 원하는 의료적 처치를 받을 수 있도록 해주는 문서다. 다음의 내용은 당신이 사전의료지시에 대해 생각하기 시작하고 당신이 스스로 의료적 처치를 책임질 수 있도록 도와줄 일반적인 지침들이다.

사전의료지시서란 무엇인가?

사전의료지시서는 법적인 문서다.* 당신이 의사 표시를 하지 못하게 될 경우, 어떤 종류의 의료적 처치를 원하는지 기술해 놓은 것이다. 또한 그 같은 경우 당신을 대신해서 누가 발언권이 있는지도 명기할 수 있다.

사전의료지시서는 주로 두 가지 형태로 작성할 수 있다. 사전 유언 living will이란 당신이 원하는 의료 처치에 대해 서면으로 기술해 놓은 문서를 의미한다. 또한 의료 대리인health care proxy 서류를 통해서 당신을 대신해서 누가 의료 결정을 내릴 권한이 있는지 명확히 할 수 있다. 때로는 이 두 가지 서류를 하나로 통합할 경우도 있다. 사전 유언을 통해서 당신이 원하는 의료적 처치에 대해 알 수 있다 해도 결국은 단지 하나의 지침일 따름이다. 사전 유언은 의료적 결정을 내려야 하는 모든

* 현재 우리나라는 아직 법적인 효력이 없는 상태다.

상황을 일일이 예측해서 포괄하기 힘들다. 당신의 생각을 잘 알고 있는 의료 대리인을 지정해 두면 당신이 원하는 방향대로 상황이 진행되는 데 도움이 될 수 있다. 만약 당신이 이상의 두 가지 서류를 작성하기로 한다면, 상충되는 내용이 없도록 각별히 유의해야 한다.

사전 유언이란 무엇인가?

사전 유언이란 당신의 건강상태가 몹시 위독해지거나 스스로 의사표현을 하기 힘들 경우 어떤 의료적 처치를 받기를 원하는지 설명해 놓은 문서다. 당신이 살고 있는 주에 따라 다른 명칭으로 쓰이기도 한다. 표준 서식을 사용할 수 있고 인터넷으로 다양한 형태의 서식을 다운받을 수도 있다.

예를 들어 사전 유언의 내용으로 심폐소생술, 인공호흡기 그리고 그 밖의 각종 의료적 처치에 관한 지시를 해놓을 수 있다. 당신이 원하거나 원하지 않는 처치에 대해 궁금한 사항은 주치의와 충분히 대화를 할 필요가 있다.

사전 유언을 작성하기 위해서 변호사가 필요한 것은 아니다. 그러나 사전 유언이 유효하기 위해서는 몇 가지 따라야 할 규칙이 있다. 당신의 요구 사항들이 표준 서식으로 제대로 소화되지 못한다면 당신에게 맞는 특화된 서식을 꾸미기 위해 변호사의 자문을 구할 수도 있다.

무엇보다도 사전 유언이 법률적인 유언장과 다르다는 것을 이해하는 것이 중요하다. 당신의 자금이나 재산과 관련된 처리 문제는 사전 유언에 들어가지 않는다. 사전 유언은 당신이 살아 있을 때 오로지 의료적 문제만을 취급하는 것이다. 유언장은 재산을 위한 것이다. 사전 유언은 의료적 결정을 위한 것이다.

다음의 링크를 통해 센터투어드밴스팰리어티브케어Center to Advance

Palliative Care가 제공하는 정보를 확인해볼 수 있다.

www.getpalliativecare.org

주별로 각기 상이한 표준 서식이 있으니 당신이 거주하는 곳의 서식을 의료진과 함께 검토하는 것이 좋다. 추가 질문이 있으면 변호사의 자문을 받는 것도 방법이다.

의료 대리인이란 무엇인가?

'의료 대리인'이란 용어는 당신이 거주하는 곳에 따라 다르게 표현될 수 있다. 의료 대리인은 당신의 대변인으로 의료 대리인 서식에 명기돼 있다. 보통 당신의 서명과 함께 의료 대리인의 서명이 필요하다. 일부 서식은 증인의 서명란이 있는 경우도 있다. 의료 대리인은 당신이 구두로 또는 서면으로 지시한 것을 따라야 한다. 의료 대리인은 당신이 위독하거나 스스로 의사 표현을 하기 힘들 정도로 부상을 당했을 경우, 당신을 대신해서 의료적 결정을 내릴 수 있다. 그 뿐만 아니라, 당신이 스스로 의사 결정을 할 수 있는 상태라 해도 의료 대리인에게 의사 결정권을 넘길 수 있다. 일부 사람들은 의사 표현을 할 수 있는 능력이 있음에도 불구하고 의료 대리인이 대신 결정하길 원하기도 한다.

단지 누군가를 당신의 의료 대리인으로 지정해 놓는 것만으로 충분하지 않다. 당신과 대리인이 당신의 가치와 우선순위에 대해 제대로 된 대화를 나누는 것이 중요하다. 의료 대리인은 중대 결정을 내려야 할 경우가 있을 것이다. 의료 대리인이 충분히 준비가 될 수 있도록 시간을 넉넉히 잡아야 한다. 의료 대리인이야말로 당신에게 중요한 것이 무엇이고 임종기의 의료 처치에 대해 당신이 어떤 생각을 갖고 있는지 제대로 이해하고 숙지해야만 한다.

의료 대리인을 어떻게 선정하는가?

당신이 의료 대리인을 선정하는 데 도움이 되는 세 가지 지점은 다음과 같다.

1. 의료 대리인이 당신의 가치와 희망 사항을 충분히 이해하는지 확인하라.

당신의 마음에 드는 결정을 내릴 만한 사람을 선택하는 것이 중요하다. 의료 대리인이 당신에 대해 잘 알고, 당신에게 중요한 것이 무엇인지 이해하고 있고 당신을 대신해서 의료 결정을 내리는 일을 책임 있게 수행할 수 있는지 확인하라. 민감한 문제들에 대해 같이 대화하는 시간을 충분히 갖는 것이 필요하다. 처음에는 다소 불편할 수 있으나 의료 대리인이 당신의 희망을 반영하는 결정을 내릴 수 있는 것이 중요하다.

2. 의료 대리인이 당신의 희망대로 실천할 수 있는지 확인하라.

당신의 희망 사항을 따르고 당신의 생각과 본인의 감정을 분리할 줄 아는 사람을 의료 대리인으로 선정하는 것이 중요하다. 의료적 처치와 관련해서 의료 대리인의 생각이 당신의 생각과 다른 경우도 있을 것이다. 의료 대리인에게 다음과 같이 물어보라. “내 생각에 동의하지 않을 경우에도 나의 희망 사항을 존중해줄 수 있는가?”

의료 대리인은 당신을 위한 강력한 옹호자가 돼야 한다. 때로는 결정을 내리는 데 필요한 정보를 얻기 위해 끈질기고 집요하게 나와야 하고 질문도 서슴지 않아야 한다. 의료 대리인이 당신을 대신해서 의료적 처치에 관한 결정을 내릴 권한이 있을지라도, 만약 가족들이 동의하지 않는 사항이라면 실행하는 데 어려움을 겪을 수 있다. 의료 대리인에게 가족이나 의료진과 대립되는 의견으로 마찰이 예상되는 상황도 마주할 수 있는지 확인해보는 것이 중요하다. 의료 대리인이 그런 종류의 책임도 기꺼이 감수할 것인지 확인하라.

3. 당신이 필요로 할 때 의료 대리인이 제때 나설 수 있는지 확인하라.
가족구성원 중 한 명을 의료 대리인으로 하는 것이 보통 좋은 방법이긴 하나, 언제나 최상의 선택은 아니다. 당신을 잘 알고 당신 가까이 사는 친구가 때로는 멀리 살거나 자주 보지 못하는 가족구성원보다 나을 때가 있다. 당신 가까이에 살고 필요하면 쉽게 연락해서 당신의 선택에 관해 이야기할 수 있는 사람을 선택하라. 시간이 지나면서 당신의 희망과 가치는 변할 수 있고 특히 입원 등을 경험한 후는 더욱 그럴 확률이 높다. 당신의 대변인이 이 같은 문제에 관해 주기적으로 같이 대화를 나눌 수 있고 당신이 필요할 때마다 쉽게 이야기할 수 있어야 한다.

완성된 사전의료지시서는 어떻게 해야 하나?

사전의료지시서는 항상 소지하고 있어야 한다.* 사전 유언과 (또는) 의료 대리인 서식 작성을 완성한 후 사본을 여러 부 만들어 두면 좋

* 우리나라의 경우, 사전의료지시서를 작성하고 나면 가족이나 가까운 친구, 담당 의사 등에게 그 사실을 알리고 작성자가 보관하거나 지정한 대리인에게 맡겨두면 된다. 또한 항시 지니고 다니는 서류로는 사전의료의향서 실천모임에서 사전의료지시서 작성확인증을 제공하고 있다. 명함크기의 사전의료의향서 작성확인증에는 작성사실과 보관장소 등을 명기할 수 있다.

다. 의료 대리인, 주치의 그리고 가까운 가족에게 각각 사본을 전달하라. 원본은 집안에서 쉽게 찾을 수 있는 곳에 보관해두고 주위 사람들에게도 알리도록 하라.

가까운 가족이나 친구가 없는 경우, 주치의에게 당신의 사전의료지시서에 대해 이야기해두는 것이 중요하다. 또는 향후 입원할 경우에 대비해 해당 병원에 미리 사전의료지시서를 등록해둘 수 있는지 알아볼 필요도 있다. 당신을 담당하는 의료진에게 사전의료지시서 사본을 건네줘서 당신의 의료기록에 포함되도록 하라.

최근에는 사전의료지시서를 온라인으로 등록할 수 있는 방법이 개발되고 있어서 향후 환자, 가족 그리고 의료진들이 보다 손쉽게 해당 서류에 접근할 수 있을 것이다. 비록 클라우드 기반 서비스에 따른 보안이나 프라이버시 문제가 여전히 남아 있긴 해도, 환자의 희망 사항을 보존하는 데 최신 기술을 사용할 수 있다는 점만은 긍정적이라 하겠다.

한번 작성한 사전의료지시서를 수정할 수 있나?

언제, 어떤 이유로든 사전의료지시서를 취소할 수도 있고 내용 중 무엇이든 바꿀 수 있다. 수정이나 변경에 관해서는 주州별로 다른 지침에 따라야 할 것이다. 당신이 살고 있는 주의 현황을 정확히 파악해볼 필요가 있다.

∞

이제까지의 내용만으로는 발생 가능한 모든 문제들을 다 다룰 수는 없고 또한 전문적인 의료적 조언이나 진단 또는 처치를 대신할 수도 없다. 구체적인 질문이나 문제와 관련해서는 의료 전문가나 법률 전문가의 자문을 구해야 한다.

보다 많은 정보는 다음의 웹사이트를 참조하면 도움이 될 것이다.

www.nihseniorhealth.gov/endoflife/planningforcare/01.html

그리고 기억하라, 사전의료지시서에 관한한 옳고 그름은 존재하지 않는다. 오직 당신에게 맞거나 틀린 선택만이 있을 뿐이다. 지금 바로 시간을 내서 이상의 문제들에 대한 생각을 시작해보기 바란다.

부록 3

대화하기(가족용)

"질병은 환자의 몸을 침범하고 주변의 모든 이들을 황폐화시킨다."

말기 질병을 앓는 많은 환자들의 생애 말기 결정은 주로 가족구성원이나 친구들에 의해 내려진다. 노나 브루노와 미겔 산체스의 가족들은 모두 임종기 의료 처치를 결정해야 할 막중한 책무를 맡아야 했다. 언젠가 당신 또한 사랑하는 가족을 위해 비슷한 상황에서 결정을 내려야 할지 모른다.

말기 질병의 치료와 관련해서는 결정을 내려야 하는 여러 지점을 사전에 예상해볼 수 있다. 치매 말기 단계의 환자들의 경우 영양관 삽입, 기도 삽관 그리고 심폐소생술과 관련된 결정을 언젠가 내려야 할 것이다. 관련 합병증, 진행 과정 그리고 가능한 치료는 이미 알려져 있다. 이는 암이나 심부전, 신장 질환, 그리고 폐 질환의 말기 단계에 처한 환자들에게도 해당되는 내용이다. 말기암과 말기 심부전 환자들은 호스피스로 가는 문제와 가게 된다면 언제 갈 것인가의 문제에 직면할 것이다. 신장 질환을 앓는 환자의 경우, 투석 등의 의료적 처치는 예상 가능한 향후 옵션이고 말기 폐질환 환자의 경우 인공호흡기가 그에 해당한다.

말기 질환을 앓는 환자의 가족과 친구들은 환자에게 중요한 것이 무엇인지 알아보고 환자의 평소 신념과 선택에 부합하는 의료 처치가 무엇인지 알아보기 시작해야 한다.

무지는 더 이상 허용될 수 없다. 당신의 소중한 사람이 무엇을 더 좋아할지 미루어 짐작하기보다는 질병의 초기 단계에 환자와 직접 대화를 나눌 기회가 있을 때 해당 이슈를 꺼내보는 것이 좋다.

환자의 자녀에게는, 나는 주로 치료와 관련해서 논란이 되는 최신 뉴스 기사를 이야기 삼아 대화를 시작해볼 것을 권하는 편이다. "엄마, 최근에 부모의 치료 문제로 법정까지 가게 된 사람들 기사를 신문에서 봤어요. 그 가족은 어머니가 생애 말기에 무엇을 원했는지 자녀들하고 한 번도 얘기해본 적이 없었대요, 그래서 자식들 간에 심하게 의견충돌이 있었나 봐요. 우리한테는 이런 문제가 절대로 일어나지 않았으면 좋겠어요. 같이 이야기를 좀 나눠보는 것이 어때요? 몇 가지 질문 좀 해도 되겠어요?"

환자의 배우자에게는, 친척 중에 최근 돌아가신 분 이야기로 시작해볼 것을 추천한다. 그래서 그 친척이 얼마나 좋게 (또는 안 좋게) 갔는지를 거론해볼 수 있을 것이다. "삼촌이 돌아가셨다는 것이 실감이 안 나요. 마지막까지 너무 고생만 하셨어요. 숙모만 불쌍하게 혼자서 그 모든 결정을 내려야 했는데 매번 삼촌이 무엇을 원했을까를 생각하며 너무도 힘들어하셨잖아요. 치료된다는 보장도 없이 그 힘든 처치를 받게 하면서 숙모 마음속으로 얼마나 괴로웠을지 난 충분히 상상이 가요. 당신에겐 무엇이 가장 중요한지 우리 같이 얘기해보는 건 어때요?"

사랑하는 이에게 전달할 수 있는 가장 중요한 메시지는 바로 그와 같이 대화를 하고자 하는 당신의 마음이다. 상대방이 자신의 희망, 두려움 그리고 소망에 대해 쉽게 터놓고 이야기할 수 있게 하라. 다음의 간단하고도 긍정적인 질문들로 얘기를 시작해보라.

1. 하루하루 당신을 기쁘게 하는 것은 무엇인가?
2. 아침에 무엇이 당신을 침대에서 일어나게 하는가?
3. 당신이 앞으로 기대하고 있는 것은 무엇인가?

이상의 준비 운동은 자연스럽게 보다 더 심도 깊은 질문들로 이어질 수 있다.

1. 만약 당신에게 남은 시간이 제한돼 있다면, 당신에게 가장 중요한 것은 무엇인가?
2. 임종기 치료와 관련한 당신의 희망 사항 중 당신의 가족, 친구 그리고 의료진이 알아야 할 가장 중요한 사항은 무엇인가?
3. 당신이 병들거나 병원 치료를 필요로 하게 될 경우, 가장 두려운 것이 무엇인가?
4. 힘들지만 기꺼이 감수하고자 하는 특정한 증상(심한 구토 또는 통증 등)이 있는가? 사는 것이 무의미하게 느껴질 만한 증상에는 무엇이 있는가?

대답하기 쉬운 질문들은 결코 아니고 자신의 대답이 시간이 지나면 바뀔 수 있다는 것을 상대방에게 이해시키는 것이 중요하다. 따라서 자신에게 무엇이 중요한지 충분히 생각할 시간을 주는 것이 중요하다. 대화 한 번으로 모든 주제를 다 다룰 필요는 없다.

이야기를 마치면서, 상대방과 이제까지의 논의 사항을 다시 한번 검토해보라. “엄마, 같이 이 문제에 대해 얘기 나눠서 고마워요. 제가 정확히 이해했는지 확인하려고 하니, 틀린 부분 있으면 얘기해주세요, 알았죠? 그러니까, 정리하면 엄마 말은….”

나는 항상 가족과 친구들에게 이 같은 대화를 스마트폰이나 태블릿 PC 등으로 녹화할 것을 권한다. 병원에서, 중환자실에서 또는 집에서 감정적으로 극도로 힘든 결정을 내려야 할 때, 사랑하는 가족이 당신과 함께 논의했던 내용을 짧은 동영상으로나마 재확인할 수 있는 것만큼 위안이 되는 일도 없다. 당신의 사랑하는 가족이 자신의 삶을 표현하는 선택과 가치를 말로 전달하는 비디오를 볼 수 있다면, 그의 뜻대로 의료 처치를 받도록 애쓰는 당신의 노력은 더욱더 힘을 받을 수 있을 것이다.

대화가 끝나면, 고맙다는 말을 꼭 하도록 하라. “고마워요, 엄마. 엄마가 뭘 원하는지 아니까 내 어깨가 한결 가벼워진 것 같아요.” 그리고 항상 가장 중요한 말로 마무리 짓도록 하라. “사랑해요.” 이 말을 꼭 하자.

부록 4

온라인 자료

다음은 당신이 스스로의 건강을 책임지는 데 도움을 줄 수 있는 인터넷 자료들이다.

1. 완화의료를 받자(www.getpalliativecare.org)

다이앤 마이어Diane Meier 박사만큼 환자 치료의 질 개선을 위해 노력한 사람은 없다. 수십 년간 마이어 박사는 환자의 모든 단계의 권리를 보호하기 위해 선두에 서서 일해왔다. 그녀는 중대 질병을 앓고 있는 환자를 대상으로 하는 제공 가능한 의료서비스의 품질 개선을 위한 전국 단위의 단체인 CAPCCenter to Advance Palliative Care를 만들었다. CAPC는 www.getpalliativecare.org라는 웹사이트를 통해서 사람들에게 남은 삶의 길이과 상관없이, 인생 전반에 걸쳐서 의료서비스와 관련해서 어떤 선택을 할 수 있는지 알려주는 것을 목표로 하고 있다.

2. 더 컨버세이션 프로젝트(www.theconversationproject.org)

지난 2010년 저널리스트 엘렌 굿맨Ellen Goodman이 컨버세이션 프로젝트를 시작했다. 엘렌은 일군의 동료들과 관심 있는 언론, 종교계 그리고 의료계 종사자들과 함께 모여서 임종기 치료와 관련한 개인적 경험을 나누기 시작했다. 그 후 그녀의 작업은 임종기 치료의 질을 개선하고 누구나 가족과 친구들과 대화를 갖도록 격려하는 전국 단위의 토론 운동으로 번져나갔다. 엘렌은 운동의 열정적인 옹호자로, 아픈 가족을 돌봤던 그녀의 개인적 경험이 수천 명의 환자들로 하여금 보다 적극적으로 삶의 주도권을 잡도록 영감을 제공했다. 웹사이트를 통해서 대화를 시작하고 다른 사람들과 생각을 나누는 데 필요한 여러 정보를 얻을 수 있다.

3. 프리페어(www.prepareforyourcare.org)

프리페어는 환자와 가족들이 치료와 관련해서 무엇이 중요한지 생각하는 것을 도와주는 최첨단 온라인 비디오 프로그램이다. 노인병학의 선두주자로 샌프란시스코 캘리포니아 대학교에서 가르치는 레베카 수도르Rebecca Sudore 박사가 개발했다. 임종기 치료와 관련해서 어떻게 결정을 내리는지 돕기 위해 다양한 동영상과 쓰기 도구가 포함돼 있다.

이상 거명한 웹사이트들은 의료전문가와의 대화를 대신할 수 없다. 세 가지 웹사이트 중 아무거나 하나 선택해서(또는 세 가지 다 선택해도 무방하다!) 한번 들어가 보고 그 다음에는 당신의 주치의와 만나서 추가 대화를 진행하도록 하라.

Notes

주석

본문에 거론된 의료 이슈들을 뒷받침하기 위해 최신 참고자료를 추가했다. 단, 해당 참고자료 중 일부는 아직 출판되지 않았거나, 책에 등장하는 사례가 일어난 시점에는 아직 발표되지 않았던 것이다. 하지만 독자들에게 최신의 연구 결과를 제공하는 것이 중요하다는 판단에 따라 제공하는 것이다. 본문에 나오는 의학적 사실들은 내가 기억하는 한 정확하지만 의학은 변하기 마련이다. 다음의 참고자료들은 최신 의학 발달의 지평에 대해 보다 더 연구하고자 하는 독자들을 위한 것이다.

〈들어가는 말〉

16 Page

"삶의 마지막 남은 몇 달을 어떻게, 어디서 보내고 싶은가에 대한 질문 앞에, 미국인의 80%는 가족과 친구들과 함께 집에서 보내고 싶다고 응답한다."

수많은 의학 연구자들이 오랜 시간을 할애해서 환자들이 임종기 치료를 어디서 받고 싶어하는지에 관한 연구들을 진행해왔다. 연구 결과, 대부분의 환자들이 집에서 사랑하는 가족, 친지들에 둘러 싸여 편하게 임종을 맞이하고자 함을 알 수 있었다. [Gallup GH Jr. *Spiritual beliefs and the dying process: a report on a national survey.* Conducted for the Nathan Cummings Foundation and the Fetzer Institute, 1997; Fried TR, et al. Older persons' preferences for site of terminal care. *Ann Intern Med.* 1999;131(2):109-112; Brazil K, et al.; Preferences for place of care and place of death among informal caregivers for the terminally ill. *Palliat Med.* 2005;19(6):492-499; and, Grunier A, et al. Where people die: a multilevel approach to understanding influences on site of death in America. *Med Care Res Rev.* 2007;64(4):351-78.]

16 Page

"그러나 65세 이상의 미국인 중 집에서 임종을 맞이하는 비율은 24%에 그친다. 63%가 병원이나 요양원에서, 각종 기계 장치에 둘러 싸여, 대부분의 경우는 고통 속에서 죽음을 맞이한다." [*Health, United States, 2010: with special feature on death and dying.* National Center for Health Statistics. http://www.cdc.gov/nchs/data/hus/hus10.pdf Accessed June 14, 2014.]

주목할 만한 사실은, 1989년과 2007년의 사망률을 비교해보면 주된 변화를 발견할 수 있다. 집에서 임종을 맞이하는 사람들의 수가 증가한 것이다. 1989년에는 65세 이상의 환자 중 15%가 집에서 임종을 맞이했다면 2007년에는 24%로 증가했다. 그러나 같은 시기를 대상으로 이루어진 분석을 보면 더욱 우려스러운 지점이 나타났다. 생애 마지막 달에 이루어진 의료 처치와 중환자실 사용은 증가해서, 65세 이상의 환자 중 3분의 1에 해당하는 사람이 생애 마지막 달을 중환자실에서 보냈다. 또한 65세 이상의 환자 중 많은 수에 해당하는 사람이 생애 마지막 달에 세 번 이상의 입원 기록이 있었다. 이 같은 연구는 환자치료의 질 개선에 생애를 바쳐 온 조앤 테노(Joan Teno) 박사에 의해 밝혀졌다. 집에서 임종을 맞이하는 환자의 수가 조금 증가했음에도 불구하고 사람들은 이전보다 자주 중환자실과 병원을 이용하며 죽어가는 사실은 많은 의료 관계자들을 당혹시켰다. [Teno JM, et al. Change in end-of-life care for Medicare beneficiaries: site of death, place of care, and health care transitions in 2000, 2005, and 2009. *JAMA.* 2013;(309)5:470-77. Also see the commentary in the same issue by Jenq G, Tinetti ME. Changes in end-of-life care over the past decade: more not better. *JAMA.* 2013;309(5):489-490. doi:10.1001/jama.2013.73.]

18 Page

"지난 몇십 년간, 병원 시스템과 복잡다단한 의료 개입 사이를 능숙하게 헤치고 나가는 의사들이 출현하기 시작했다." [NHPCO facts and figures: hospice care in America. National Hospice and Palliative Care Organization. http://www.nhpco.org/sites/default/files/public/Statistics_Research/2011_Facts_Figures.pdf Accessed June 14, 2014.]

18 Page

"이 전문가들은 주로 완화의료 분야에 포진해 있다."

완화의료와 호스피스 케어를 혼돈하지 않도록 조기에 구분을 짓고자 한다. 이 둘은 무척 다르다. 비록 완화의료와 호스피스 케어 공히 환자의 삶의 질에 초점을 맞추고 생애 말기의 통증조절과 심리적·영적 이슈들을 돌보는 동일한 철학에 기반할지라도, 둘은 다르다. 현재 호스피스 케어는 의사의 진단에 따라 6개월 미만의 여명이 남은 환자들로 치료적 처치를 포기하겠다는 의사를 밝힌 이들에게 제공되는 메디케어 급여 서비스이다. 완화의료는 여명에 상관없이 생애 전주기에 걸쳐 서비스를 받을 수 있다. 완화의료는 선택 가능한 치료에 대한 이해를 높이고 의사소통을 지원하고 환자와 가족들에게 정서적 지지를 제공하는 데 초점을 맞추고 있다. 나는 주로 진단이 내려지자마자, 여명에 상관없이 완화의료 서비스를 포함시킨다. 나의 오랜 친구 다이앤 마이어 박사의 표현이 가장 정확하다. "호스피스는 죽어가는 사람들을 위한 완화의료의 한 형태이지만 완화의료는 죽음에 초점을 맞추지 않는다. 완화의료는 최대한 오래 그리고 가능한 좋게 살 수 있는 삶에 관한 것이다." CAPC(Center to Advance Palliative Care)의 대표로 다이앤은 이 같은 구분에 대해 쉼없이 강연 중이다. 그녀의 인터뷰를 다음 자료에서 확인해볼 수 있다. [Brody JE. Palliative care, the treatment that respects pain. *New York Times.* December 2, 2013. http://well.blogs.nytimes.com/2013/12/02/palliative-care-the-treatment-that-respects-pain/?_r=1 Accessed June 14, 2014.]

19 Page

"이 같은 근시안적이고 부족한 재정 지원의 대가는 온전히 환자들이 치러야 한다. 따라서 이 문제를 제대로 취급하기 위해서는 완화의료 의사뿐만 아니라 다른 모든 의사들 또한 의사소통 능력을 집중적으로 훈련하여, 생애말기 의료케어에 관해 환자들과 적극적으로 대화를 진행할 수 있어야 한다."

모든 의사들이 생애말기 의료서비스와 관련해서 능숙한 커뮤니케이션 능력을 지녀야 한다는 주장은 최근 의학계의 두 명의 거장인 티모시 퀼(Timothy Quill) 과 에이미 애버네시(Amy Abernethy) 에 의해 제기됐다. 두 사람 모두 〈American Academy of Hospice and Palliative Medicine〉(http://www.aahpm.

org/about/default/visionaries.html)에 의해 "역대 톱 비저너리 30"에 선정된 바 있다. [Quill TE, and Abernethy AP. Generalist plus specialist palliative care–creating a more sustainable model. *N Engl J Med.* 2013;(368)1173-75.]

20 Page

"생애말기 치료에 관한 이 본질적인 대화의 성공 여부는, 개개인이 어떤 길을 선택했는가가 아니라 환자와 가족들이 얼마나 적극적으로 대화에 참여하고 정확한 정보를 공유하고 있는가에 따라 결정될 것이다."

의사들이 환자와 가족들에게 임종기 케어에 관해 이야기 나눌 때, 의사들은 이를 〈대화 (The Conversation)〉를 갖는 것이라 표현한다. 물론 의사들은 환자의 전 생애주기에 걸쳐 다양한 종류의 대화를 갖곤 하지만, 대문자 T 와 C 를 사용할 경우는 보통 생애말기 의료와 관련된 이야기를 의미한다. 다시 말해서, 삶과 죽음에 관한 결정을 이야기하는 것이 바로 대화 중의 〈대화〉 인 것이다. 이 〈대화〉는 꼭 의사와 환자 사이에서만 이루어질 필요없다. 저널리스트 엘렌 굿맨은 그녀가 창안한 〈대화 프로젝트〉를 통해 사람들이 생애말기 의료케어에 관해 가족들과 같이 이야기할 수 있도록 도움을 줌으로써 환자들이 병원이 아닌 곳에서도 대화를 하는 데 지대한 기여를 했다. 엘렌 외에, 생애말기 케어에 관해 사람들이 편하게 논의하자는 데쓰 오버 디너(Death Over Dinner) 운동을 펼치는 혁신가들의 모임도 있다. 이 운동의 주도적인 역할을 하는 사람 중 한 명이 바로 거장 앤소니 "토니" 백(Anthony "Tony" Back) 박사로, 그는 환자들과 〈대화〉를 진행할 수 있게끔 수많은 의사들을 훈련시켜 왔다. [Back, A, et al. *Mastering Communication with Seriously Ill Patients: Balancing Honesty with Empathy and Hope,* 2009.] 엘렌과 토니 외에, 버나드 "버드" 햄스(Bernard "Bud" Hammes) 와 리스펙팅 초이스(Respecting Choices) 프로그램은 의사와 환자간의 논의의 질을 개선하는 것을 목표로 의료진과 의료기관 등에 교육을 실시하고 있다. [Pecanac KE, et al. Respecting choices and advance directives in a diverse community. *J Palliat Med.* 2013; Dec 10. Epub ahead of print.]

20 Page

"어떤 선택을 할 수 있는지 대화할 기회를 갖지 못한 이들의 생애말기 의료 처치 케이스를 통해 오늘날 미국 의료시스템의 만성화된 방치 현장이 드러나고 있다. "

말기 질환을 앓고 있는 환자의 경우임에도 불구하고, 의사들은 종종 생애말기 케어에 관한 논의를 하지 않는다. [El-Jawahri A, et al. Associations among prognostic understanding, quality of life, and mood in patients with advanced cancer. *Cancer.* 2013; Oct 10. doi: 10.1002/cncr.28369. Epub ahead of print.]

20 Page

"의사로서 본분을 다하기 위해 우리는 분명 옳은 일을 하고자 하지만, 우리 중의 압도적인 대다수는 우리 가족이나, 자기 자신에게라면 결코 택하지 않을 방법으로 중환자들을 치료하고 있다."

의사들이 생애 말기에 무엇을 원할지는 조심스럽게 연구돼왔다. 그럴만한 이유 또한 충분히 있었다. 환자가 의료 처치와 관련해서 어떻게 할지 결정해주는 가장 강력한 예측변수 중의 하나가 바로 다음의 질문에 대한 의사의 답변이다. "의사 선생님이 제 입장이 된다면 어떻게 하시겠습니까?" 자주 인용되는 연구에 따르면, 말기 뇌손상을 입었을 경우 85%의 의사들은 심폐소생술과 기계 장치에 의한 인공호흡을 포기할 것으로 나타났다. [Gallo JJ, et al. Life-sustaining treatments: what do physicians want and do they express their wishes to others? *J Am Geriatr Soc.* 2003;(51)7:961-9. Gramelspacher GP, et al. Preferences of physicians and their patients for end-of-life care. *J Gen Intern Med.* 1997;(12)6:346-351; and, Chinn GM, et al. Physicians' preferences for hospice if they were terminally ill and the timing of hospice discussions with their patients. *JAMA* Intern Med. 2013; doi:10.1001/jamainternmed.2013.12825.]

〈제1장〉

25 Page

"플라톤과 아리스토텔레스는 언제나 나의 친구였다."

나의 청소년 시절을 사로잡았던 플라톤과 아리스토텔레스 간의 긴장관계는 다음의 작품에서 잘 표현되고 있다. [Arthur Herman's The Cave and the Light: Plato Versus Aristotle and the Struggle for the Soul of Western Civilization, Random House: New York, 2013.]

31 Page

"요즘도 어떤 종양내과 의사들은 말기암 환자들과 치료 방법에 관해 이야기하는 걸 꺼린다. 많은 환자들이 실제로는 이 문제에 관해 자신의 주치의와 대화를 나누고 싶어 한다는 사실을 보여주는 많은 의학적 연구들이 있음에도 불구하고, 의사들은 환자들이 붙잡고 있는 희망을 무너뜨리지 않을까 하는 두려움을 갖고 있다." [Wright AA, et al. Associations between end-of-life discussions, patient mental health, medical care near death, and caregiver bereavement adjustment. *JAMA.* 2008;(300)14:1665-73. doi: 10.1001/jama.300.14.1665. Also see: Singer PA, et al. Quality end-of-life care: patients' perspectives. *JAMA.* 1999;(281):163-168; Nicolasora N, et al. If asked, hospitalized patients will choose whether to receive life-sustaining therapies. J Hosp Med. 2006;(1):161-167; and, Fried TR, O'Leary JR. Using the experiences of bereaved caregivers to inform patient and caregiver centered advance care planning. *J Gen Intern Med.* 2008;(23):1602-07.]

31 Page

"타라스는 '심폐소생술 원하지 않음DNR' 이라는 의사 표명을 한 적이 없으므로, 의료진의 입장에서 그는 '모든 치료를 원함' 그룹으로 분류될 수밖에 없었다."

건강상태와 상관없이 모든 환자에게 기본적으로 적용되는 것은 풀코드다. 즉, 환자가 달리 특별한 희망 사항을 표시하지 않는 한 모든 조치를 취하기를 원하는 것으로 간주하는 것이다. 이 는 말기 질환을 앓는 환자들의 경우 특히 철저한 확인의 대상이 되고 있다. [Volandes AE, Abbo ED. Flipping the default: a novel approach to cardiopulmonary resuscitation in end-stage dementia. *J Clin Ethics.* 2007;(18)2:122-39; Halpern SD, et al. Default options in advanced directives influence how patients set goals for end-of-life care. *Health Aff* (Millwood). 2013;32(2):408-17. doi: 10.1377/hlthaff.2012.0895; Quill CM, et al. Deciphering the appropriateness of defaults: the need for domain-specific evidence. *J Med Ethics.* 2012;(38)12: 721-2. doi: 10.1136/medethics-2012-100724; and, Halpern SD, et al. Harnessing the power of default options to improve health care. *N Engl J Med.* 2007;(357)13:1340-4.]

42 Page

"로체스터에서 의대생들은 저학년 때부터 외래 진료실에서 중증 환자들을 할당받게 된다." [Quill TE, et al. An integrated biopsychosocial approach to palliative care training of medical students. *J Pall Med.* 2004;(6)3: 365-80.]

43 Page

"메이어 박사는 의대생과 환자 사이의 이런 상호작용에 대해 "전쟁 영화를 보는 것과 전쟁에 참전하는 것만큼 다르다."고 말한 바 있다." [https://www.aamc.org/newsroom/reporter/july2012/297224/palliative-care.html. Accessed June 14, 2014.]

43 Page

“2008년에 다트머스 대학교의 연구자들은 미국의 128개 메디컬스쿨 전체를 대상으로 완화의료 및 호스피스와 관련된 설문 조사를 실시했다.” [Van Aalst-Cohen ES, et al. Palliative care in medical school curricula: a survey of United States medical schools. *J Pall Med.* 2008;(11)9:1200-2. Accessed June 14, 2014.]

44 Page

“이러한 의학지식의 폭발과 더불어, 요즘 전공의들은 일주일에 80시간 이상 근무하지 못하게 되어 있다. 물론 그것도 가혹한 수준이긴 하지만 말이다.”

내가 레지던트 생활을 했던 것은 10여 년 전의 일이다. 당시 일주일에 100시간 이상 일하는 것은 흔히 있는 일이었다. 우리는 당직이 아닐 때도 병원에서 밤을 보내곤 했다. 레지던트들의 긴 근무시간으로 인한 수면 부족이 의료 과실의 증대로 이어진다는 점에 대해 그때부터 점차 교육자 간에는 의견 일치를 보이고 있었다. ACGME(The Accreditation Council for Graduate Medical Education)은 이후 레지던트의 주당 근무시간을 80시간으로 제한했다. 불행하게도, 주당 80시간도 사실은 너무도 많다.(결국 두 개의 풀타임 직업 시간과 맞먹는다!) 80시간이 더 줄어들 수 있을지 두고 볼 일이다. [Landrigan CP, Rothschild JM, et al. Effect of reducing interns' work hours on serious medical errors in intensive care units. *N Engl J Med.* 2004;(351)18:1838-48.]

〈제2장〉

49 Page

"2012년 기준으로 전 세계에는 3,500만 명의 치매 환자가 있으며…" [http://www.who.int/mediacentre/factsheets/fs362/en/ Accessed June 14, 2014. Also see: Brookmeyer R, et al. Projection of Alzheimer's disease in the United States and the public health impact of delaying disease onset. *Amer J Pub Health.* 1998;(88)9:1337-42;]

50 Page

"독일의 정신과 의사 알로이스 알츠하이머Alois Alzheimer가 이 질병을 처음 기술한 지 1세기가 넘는 시간이 흘렀지만, 여전히 이 질병은 치료가 전혀 불가능하며 궁극적으로는 모든 환자의 생명을 앗아간다."

알츠하이머에 대해 자세한 내용은 뮤리엘 길릭(Muriel Gillick)의 작품을 참조하기 바란다. [Tangled Minds: Alzheimer's Disease and Other Dementias, 1999.]

51 Page

"결국 환자의 생명을 앗아가는 건 알츠하이머병이 아니다. 하지만 마음이 쪼그라듦에 따라 그와 연관되어 나타나는 여러 신체적 증상들의 결과가 문제다. 예를 들어 요로 감염, 음식물 흡인성 폐렴, 거동 불능으로 인해 나타나는 엉덩이 욕창 등이 있다."

나의 멘토이자 수시 공동연구자인 수잔 L. 미첼(Susan L. Mitchell) 박사는 말기 알츠하이머 단계의 진행 과정에 대해 전국적으로 인정받고 있다. 수잔은 알츠하이머에 대한 이해를 돕는 데 평생을 헌신했으며 해당 분야와 관련된 수많은 연구를 발표해왔다. [Mitchell SL, et al. The clinical course of advanced dementia. *N Engl J Med*. 2009;(361):1529-38.]

51 Page

"말기 알츠하이머병 환자들은 가족들이 제공할 수 있는 것 이상의 돌봄을 필요로 한다."

알츠하이머를 앓고 있는 환자를 돌보는 가족들의 입장을 이해하기 위해선 낸시 메이스(Nancy Mace)와 피터 래빈스(Peter Rabins)의 다음 작품을 추천한다. [*The 36-Hour Day: A Family Guide to Caring for Persons with Alzheimer Disease, Related Dementing Illnesses, and Memory Loss in Later Life,* Grand Central Life & Style: New York, 2012.]

57 Page

"의학적 근거에 의하면, 튜브를 통한 영양 공급은 그런 환자들의 생존 기간을 연장시키지 못한다."

진행이 많이 된 치매에 영양관이 도움이 되지 않는다는 많은 증거가 존재한다. [Mitchell SL, et al. The risk factors and impact on survival of feeding tubes in nursing home residents with severely advanced dementia. *Arch Intern Med.* 1997;157:327-32; Finucane TE, et al. Tube feeding in patients with advanced dementia: a review of the evidence. *JAMA.* 1999;282:1365-70; Gillick MR. Rethinking the role of tube feeding in patients with advanced dementia. *N Engl J Med.* 2000;342:206-10; and, Gillick M, Volandes A. The standard of caring: why do we still use feeding tubes in patients with advanced dementia? *J Am Med Dir Assoc*. 2008;(9)5:364-7.]

60 Page

"2010년 〈BMJ〉에는 중증 환자들의 가족에 관한 논문이 실렸다."
[Detering KM, et al. The impact of advance care planning on end of life care in elderly patients: randomised controlled trial. *BMJ.* 2010;340:c1345.]

60 Page

"노나는 그녀가 스스로 의사소통할 수 없을 때를 대비하여 가족 중의 한 사람을 대리인으로 미리 지정했었다."

일부 문화권에서는 환자가 의료적인 문제에 대해 더 이상 스스로 판단을 내리지 못할 경우 가족들에게 결정이 돌아가는 점이 주목할 만하다. 특히 공동체의 시각이 개인의 자율성보다 우세할 경우 유독 부각되는 지점이기도 하다. 이 같은 상황에서는 환자가 의사 표현을 못할 경우, 의료 대리인이 대신할 수 있기 때문에 의료 대리인을 지정하는 것은 자연스러운 일이다. 또한 의료적인 결정이 가족들에게 돌아갔다 할지라도, 때로는 가족구성원 간에 의견 대립이 일어나는 경우가 있기 때문에, 궁극적으로는 한 사람이, 즉 의료 대리인이 환자를 위해 결정을 내려야 한다. 의료 문제에 관한 여러 문화 간의 고려 사항에 대한 추가 내용은 다음을 참조하라. [*Cross-Cultural Medicine* by J.A. Bigby, American College of Physicians, 2001.]

61 Page

"2006년 국립보건원NIH의 연구자들은 의료 대리인들의 결정이 얼마나 정확한지를 알아보는 대규모 연구 결과를 발표했다." [Shalowitz DI, et al. The accuracy of surrogate decision makers: a systematic review. *Arch Intern Med.* 2006;(166)5:493-7; Fagerlin A, et al. Projection in surrogate decisions about life-sustaining medical treatments. Health Psychol. 2001;(20):166-175; Ouslander JG, et al. Health care decisions among elderly long-term care residents and their potential proxies. *Arch Intern Med.* 1989;(149):1367-72; and, Principe-Rodriguez K, et al. Substituted judgment: should life-support decisions be made by a surrogate? *P R Health Sci J.* 1999;(18):405-9.]

63 Page

"사전의료지시서는 생명 연장 치료에 관한 의사 처방전Physician Orders for Life-Sustaining Treatment, POLST이나 생명 연장 치료에 관한 의료 지시서Medical Orders for Life-Sustaining Treatment, MOLST 양식과 혼동되어서는 안 된다." [http://www.polst.org. A good deal of the work done on POLST has been spearheaded by Dr. Susan Tolle, who revolutionized the practice of medicine with the POLST paradigm.]

64 Page

"미시간 대학교 연구진이 2010년에 〈NEJM〉에 게재한 논문은 사전의료지시서의 활용을 지지한다." [Silveira MJ, et al. Advance directives and outcomes of surrogate decision making before death. *N Engl J Med.* 2010; 362(13):1211-18.]

64 Page

"사전의료지시서라는 것이 원래 사람들이 자신이 받을 의료를 스스로 결정할 수 있도록 돕기 위해 고안된 것이지만, 현실에서는 그 약속을 제대로 지키지 못해왔다." [Fagerlin A, Schneider CE. Enough. The failure of the living will. *Hastings Cent Rep*. 2004;(34)2:30-42.]

64 Page

"사전의료지시서가 언제나 의사들에게 실질적인 도움을 주는 게 아니기 때문이다. 가령 너무 모호하거나("만약 내가 죽음이 임박했을 때…") 너무 구체적일("만약 내가 영구적인 코마 상태에 빠진다면…") 수 있고, 주관적인 해석의 여지를 넓게 남겨 놓을 수도 있다." [Hastings Center Report, "Improving End-of-Life Care: Why has it been so difficult?" December 2005;26-31.]

65 Page

"주요 의학 단체들은 치매 진단 여부와 무관하게 65세 이상의 모든 환자들과 '알츠하이머병에 걸렸을 때 어떤 의학적 치료를 원하는지' 에 관한 대화를 나누도록 의사들에게 권고하고 있다." [Society for General Internal Medicine (www.sgim.org), the American Geriatrics Society (www.americangeriatrics.org), and the Gerontological Society of America (www.geron.org).]

의료기관들은 개인이 이성적 사고 능력을 잃기 전에 기술한 희망 사항이 그 사람의 생애에 대한 희망 사항으로 존중돼야 하는 것이라 간주한다. 그러나 철학자들은 개인의 정체성과 관련한 이슈를 제기하면서 이전의 자아가 보여준 선호도가 과연 지켜져야 하는지의 문제를 제기했다. 이 부분이 혼란스럽게 느껴진다면 데렉 파르핏(Derek Parfit)의 훌륭하고도 어려운 다음 작품 《Reasons and Persons》(1986)을 참조해보라. 나는 대학 때 그가 알츠하이머와 관련한 몇 가지 이슈와 개인의 정체성 문제를 다뤘던 강의를 개인적으로 들을 수 있어서 다행이라 여기고 있다. 수십 년이 지난 지금에도 여전히 마음속으로 되풀이해서 생각하게 된다.

〈제3장〉

71 Page

"미국심장협회AHA, American Heart Association에서는 미국 내 심부전을 앓는 사람의 수가 5백만 명 이상이라 보고 있다." [Go AS. Heart disease and stroke statistics 2013 update: a report from the American Heart Association. *Circulation.* 2013;127(1):e6.]

73 Page

"심부전은 65세 이상 환자가 입원하게 되는 주된 원인이다." [Desai A, Stevenson L. Rehospitalization for heart failure: predict or prevent? *Circulation.* 2012:(126)501-506.]

79 Page

"1991년 일군의 노인의학 전문가들이 미국노인병학회지Journal of the American Geriatrics Society에 "무력한 노인환자의 의사 결정에 관하여: '캘리포니아에서 온 딸 신드롬'" 이라는 논문을 발표한 적 있다." [Molloy DW, et al. Decision making in the incompetent elderly: "the Daughter from California Syndrome." *J Am Geriatr Soc.* 1991:39(4):396-9.]

79 Page

"캘리포니아 현지에서는 뉴욕에서 온 딸 신드롬으로 알려져 있다고 한다." [*End-of-Life Decisions: A Psychosocial Perspective,* eds. Steinberg MD, Youngner SJ. American Psychiatric Press: Washington, D.C., 1998. Page 92.]

〈제4장〉

95 Page

"그들은 응급을 요하는 처치를 위해 입원을 하게 된 것이고 많은 경우, 직전까지 만난 일차진료의가 생애말기 케어에 관한 대화를 꺼내는 경우는 흔치 않다. "

불행하게도, 대부분의 의사들은 환자들이 위독할 경우가 아니면 생애 말기와 관련된 의사 결정에 대해 환자와 논의하지 않는다. 의사들이 환자들과 질병 초기에 이 같은 문제를 꺼내지 않는 이유에 대해선 여러 가설들이 있다. [Morrison RS, et al. Physician reluctance to discuss advance directives. An empiric investigation of potential barriers. *Arch Intern Med.* 1994;(154)20:2311-8. The Support Investigators. A controlled trial to improve care for seriously ill hospitalized patients. The study to understand prognoses and preferences for outcomes and risks of treatments (SUPPORT). *JAMA*. 1995;(274):1591-8.]

95 Page

"20세기 벽두, 현대 의학의 아버지라 불리는 윌리엄 오슬러 William Osler는 의과대학 졸업반 학생들에게 이렇게 말했다…" [Osler W. Aequanimatas. In: *Aequanimitas with Other Addresses*. Philadelphia: P. Blakiston's Son & Co; 1904: 7.

96 Page

"특정 질병에 관해서는 보다 큰 그림을 봄으로써 현대 의사들은 예후에 대해 정확도를 더 기할 수 있지만 의학에서의 불확실성은 언제나 존재할 것이고, 작은 조각들로 만족해야 하는 상황은 힘든 것이다."

병의 예후와 환자의 생존을 예측하는 의사들의 능력을 다룬 연구는 꽤 많다. [*Death Foretold: Prophecy and Prognosis in Medical Care,* University of Chicago Press, 2001, by Nicholas Christakis.] 그러나 임종의 시기가 다가오면서 정확한 죽음의 시간을 알아내기란 무척 힘든 일이다.(며칠보다 몇 주, 몇 주보다 몇 개월이 힘들다.) 생애 말기에는 언제나 불확실성이 존재한다. [Evans LR, et al. Surrogate decision makers' perspectives on discussing prognosis in the face of uncertainty. *Am J Respir Crit Care Med*. 2009;(179)1:48-53; Yourman LC, et al. Prognostic indices for older adults: a systematic review. *JAMA.* 2012;(307)2:182-

92; Lowenstein G. Hot-cold empathy gaps and medical decision making. *Health Psychol.* 2005;(24)4:49-56; Christakis NA, Lamont EB. Extent and determinants of error in doctors' prognoses in terminally ill patients: prospective cohort study. *BMJ.* 2000;(320):469-472; and, Glare PA, Christakis NA. Predicting survival in patients with advanced disease. In Doyle D, Hanks G, Cherny N, Calman K, eds. Oxford Textbook of Palliative Medicine, Oxford University Press, 2004.]

98 Page

"이것을 쿠싱 트라이애드라고 합니다."

두개 내 압력이 높아질 경우, 혈압이 높아지고 불규칙한 호흡과 심박수의 감소와 같은 일련의 생리적 반응이 발생한다. 이 같은 생리적 반응을 쿠싱 반사(Cushing reflex) 또는 쿠싱의 법칙(Cushing's Law) 라고 부르는데, 이는 1901년 처음으로 이 증상을 묘사한 신경외과의 하비 쿠싱(Harvey Cushing) 박사의 이름에서 따온 것이다. [Cushing H. Concerning a definite regulatory mechanism of the vasomotor center which controls blood pressure during cerebral compression. *Bull John Hopkins Hosp.* 1901;(126):289-92.]

98 Page

"아직껏 암 생존율과 개인의 성격적 특성간의 유의미한 상관관계를 드러내준 공식적이고 큰 스케일의 과학적 연구는 나오지 않았지만, 추측건대 제아무리 많은 연구가 나온다 해도, 이처럼 깊게 각인된 믿음을 쉽사리 흔들진 못할 것 같다." [Nakaya N. Effect of psychosocial factors on cancer risk and survival. *J Epidemiol.* 2013; Nov 23. [Epub ahead of print]; and, Tross S, et al. Psychological symptoms and disease-free and overall survival in women with stage II breast cancer. Cancer and Leukemia Group B. *J Natl Cancer Inst.* 1996;(88)10:661-7.]

99 Page

"1996년 일군의 의사들이 모여 1994년도와 1995년도에 방영된 미국 유명 TV 의학드라마 시리즈 〈이알ER〉, 〈시카고 호프Chicago Hope〉, 〈긴급출동 911Rescue 911〉 등 3개 시리즈의 모든 방송 분량을 시청하고 그 결과를 〈NEJM〉에 발표했다." [Diem SJ, et al. Cardiopulmonary resuscitation on television. Miracles and misinformation. *N Engl J Med.* 1996;(24)334:1578-82.]

99 Page

"중증 환자 전문의들이 2010년과 2009년에 〈크리티컬케어〉와 〈NEJM〉에 각각 발표한 연구에 따르면…" [Yasunaga H, et al. Collaborative effects of bystander-initiated cardiopulmonary resuscitation and prehospital advanced cardiac life support by physicians on survival of out-of-hospital cardiac arrest: a nationwide population-based observational study. Crit Care. 2010;(14)6:199; and, Ehlenbach WJ, et al. Epidemiologic study of in-hospital cardiopulmonary resuscitation in the elderly. *N Engl J Med.* 2009;(361):22-31.]

100 Page

"2009년 저명 학술지인 〈SCC〉에 발표된 한 논문에 따르면, 말기암 환자(바로 헬렌같은 환자를 말한다.)로 심정지 때문에 심폐소생술을 받은 61명의 환자 중 10명(11%)만 살아났다." [Wiese, CHR, et al. Prehospital emergency treatment of palliative care patients with cardiac arrest: a retrospective investigation. *Support Care Cancer.* 2010;(18)10:1287-92. Also see: Abbo ED, et al. Cardiopulmonary resuscitation outcomes in hospitalized community-dwelling individuals and nursing home residents based on activities of daily living. *J Am Geriatr Soc.* 2013;(61)1:34-9.]

104 Page

“2007년 미국 호스피스완화의료협회NHPCO의 연구자들이 메디케어 말기 환자를 호스피스 케어를 받은 그룹과 그러지 않은 그룹으로 나눠 생존 기간의 차이를 분석한 결과를 〈JPSM〉에 발표했다.” [Connor SR, et al. Comparing hospice and non-hospice patient survival among patients who die within a three-year window. *J Pain Symptom Manage.* 2007;(33)3:238-46.]

105 Page

“유사한 결과가 2010년 보스턴 매사추세츠 종합병원의 종양학자들이 연구하여 〈NEJM〉에 발표한 기념비적인 논문에도 나와 있다.” [Temel JS, et al. Early Palliative Care for Patients with Metastatic Non-Small-Cell Lung Cancer. *N Engl J Med.* 2010;(363)8:733-42.]

110 Page

“매 방문 시 환자는 팔 부위에 바늘을 꽂아 피를 뽑아내어 투석기로 보내는 동안 투석기에 연결돼 있어야 하는데, 이를 위해 사전에 수술을 통해 투석접근로를 확보하는 수술을 받아야 한다.”

투석은 일반적으로 혈액투석과 복막투석으로 구분된다. 혈액투석은 혈액을 투석하는 것이다. 복막투석은 복강(복막)을 이용해서 노폐물을 걸러내는데 복강을 투석액으로 채우고 나서 다시 투석액을 제거하게 된다. 복막투석은 유럽이나 다른 나라에 비해서 미국이 현저하게 시행하지 않고 있다. 그 이유는 여러 가지다. 복막투석은 일부 노인 환자에게 성공 가능성이 높은 치료 방법일 수 있다. 노인 환자의 복막투석 사례와 관련해서는 다음을 참조하라. [Taveras AE, et al. Peritoneal dialysis in patients 75 years of age and older–a 22 year experience. *Advanced Peritoneal Dialysis*. 2012;(28)3:84-8.]

110 Page

"거의 40만 명에 달하는 미국인들이 투석 치료를 받으며 일상생활을 영위하고 있다." [http://www.kidneyfund.org/about-us/assets/pdfs/akf-kidneydiseasestatistics-2012.pdf Accessed June 14, 2014.]

110 Page

"그러나 비록 수천 명이 투석치료를 통해 긍정적인 결과를 경험한다 해도, 여러 개의 질환을 갖고 요양원에 거주하는 노약자들의 경우, 투석치료 이후 예후가 좋지 못하다는 증거들이 점차 증가하고 있는 실정이다. "

이 분야의 선두주자는 다름 아닌 나의 친구 앨빈 H. "우디" 모스(Alvin H. Woody Moss) 박사로, 그는 진행성 신장 질환을 앓는 환자들을 대상으로 이들이 선택 가능한 옵션에 대해 보다 정확한 정보를 주는 일에 생애를 바쳤다. 모스 박사는 의사와 연구진들로 구성된 팀을 이끌고 이 분야 최고의 가이드라인을 발표했는데 현재 이 가이드라인은 미국 전역의 의사들이 사용하고 있다. [Shared Decision-Making in the Appropriate Initiation of and Withdrawal from Dialysis, 2nd ed. Rockville, MD: Renal Physicians Association, 2010; Moss AH. Revised dialysis clinical practice guideline promotes more informed decision-making. *Clin J Am Soc Nephrol*. 2010;(5)12:2380-2383 RPA/ASN Position Statement; and, Moss AH. Ethical principles and processes guiding dialysis decision-making. *Clin J Am Soc Nephrol.* 2011;(6)9:2313-2317.] 앤 오헤어(Anne O' Hare), 제인 셸(Jane Schell), 놔메이카 에닌야(Nwamaka Eneanya), 마이클 저메인(Michael Germain), 그리고 만주 타무라(Manju Tamura) 박사에게 감사를 표한다.

110 Page

"2009년 〈NEJM〉에 방대한 양의 논문이 발표됐는데, 신장전문의들이 3천 명 이상에 달하는 요양원 거주자를 대상으로 투석치료 시작 후 12개월 동안 관찰했다." [Tamura MK, et al. Functional status of elderly adults before and after initiation of dialysis. *N Engl J Med*. 2009; 361:1539-47.]

112 Page

"그는 얼마나 더 오래 살 수 있을까?"

아크 버크왈드에 대해 더 알고 싶으면 그가 신장이 회복된 후 출간한 그의 저서를 참조하라. [*Too Soon to Say Goodbye,* 2006.]

115 Page

"그러나 그녀는 아버지의 뜻을 존중하기로 했고 결국 우리는 일단 시험 삼아 투석을 해보고 이후 어떻게 할지를 결정하기로 했다."

환자 또는 가족이 의료 처치를 시험적으로 실시하는 데 동의할 경우는 대부분 "시간 제한이 있는 실험"이라 불리는데, 기본적으로 의료 처치가 제한된 시간 내에 이뤄지고 그 후 처치의 효과와 위험 요소를 평가한 뒤 이후 계속적으로 진행을 할지 결정하게 된다. 중환자실에서 흔히 이뤄지는 방식으로, 대부분 가족들이 환자의 생명 연장 조치를 취해야 할 의무감으로 인해 의사 결정 능력이 없는 환자를 대신해서 결정을 하게 된다.

〈제5장〉

124 Page

"톰은 일반적인 중환자와 크게 다르지 않았다." [Keating NL, et al. Physician factors associated with discussions about end-of-life care. *Cancer.*

2010 Feb 15;116(4):998-1006. doi: 10.1002/cncr.24761.]

103 Page

"환자들과 의료진들의 이야기를 종합해서 이 세 가지 접근법을 다음과 같이 명명했다. 생명 연장 치료, 제한적 치료, 그리고 완화 치료."

이 세 종류(생명 연장 치료, 제한적 치료 그리고 완화 의료)의 의료케어는 뮤리엘 길릭(Muriel Gillick) 박사의 작업과 궤를 같이 한다. 길릭 박사는 세계적으로 알려진 노인병 전문의로서 환자들이 의료 처치에 관하여 목표를 표현하고 우선시 할 수 있도록 생애를 바쳐왔다. 그녀가 의료계에 기여한 가장 대표적인 일은 바로 의료적 개입이 환자가 원하는 목표에 부합하는지 여부를 따져보도록 한 것이다. [Gillick M. *Choosing Medical Care in Old Age: What Kind, How Much, When to Stop,* 1994.]

129 Page

"우리가 제작하려는 영상물은 환자들에게 스스로 결정할 수 있는 힘을 실어주고 동료 의사들이나 윤리학자 그리고 무엇보다도 환자들이 보기에 흠잡을 데 없어야 했다."

의학적 개념을 시각적으로 표현할 때 공정성을 유지하는 것은 환자 교육의 진실성에 결정적으로 중요한 요소이다. 동영상이 사람들에게 특정 방향을 살짝 가리키는 그 어떤 암시가 있다면 비디오 전체의 신빙성을 잃을 수밖에 없다. 이에 따라 영상물을 제작하는 데 있어 엄격한 기준을 세우고 이를 지키기 위해 상당 시간을 할애해야 했다. 해당 기준들 중 많은 부분은 다큐멘터리 제작 방식을 따랐다. [Volandes A, et al. Audio-video decision support for patients: the documentary genre as a basis for decision aids. Health Expect. 2013;(16)3:80-8; Volandes A, El-Jawahri A. Improving CPR decision-making for patients and families with video decision aids. In, Doyle, Saltsman R (eds): *Cardiopulmonary*

Resuscitation: Procedures and Challenges, 2012; Gillick MR, Volandes A. The psychology of using and creating video decision aids for advance care planning. In, Lynch TE (ed): *Psychology Decision Making in Medicine and Health Care,* 2007; and, Grant BK, Sloniowski J. Documenting the Documentary: Close Readings of Documentary Film and Video, 1998. For more on avoiding bias in videos, see: Rauch J. "How Not to Die," The Atlantic, http://www.theatlantic.com/magazine/archive/2013/05/how-not-to-die/309277/ Accessed June 14, 2014.]

129 Page

"첫째, 환자들의 모든 증언을 삭제했다."

비록 대부분의 사람들이 남의 이야기나 서술을 통해 배운다 할지라도 환자들의 의사 결정 과정을 돕기 위해 타인의 증언을 사용하는 것에 대해서는 의사결정 문학에서 강력한 논쟁이 존재한다. [Winterbottom A, et al. Does narrative information bias individual's decision making? A systematic review. *Soc Sci Med.* 2008;(67)2079-88.] 환자들이 자신들의 희망과 부합하는 결정을 내리는데 도움이 될 수 있는 이야기의 중요성에 대해 나와 같이 긴 시간을 숙고해준 동료, 댄 맷럭(Dan Matlock)에게 감사를 표한다.

132 Page

"중병을 가진 환자들이 의사 결정을 함에 있어서 우리의 비디오가 실제로 얼마나 도움이 되는지 확인해보기 위해, 나는 종양학자 몇 명과 함께 50명의 환자들을 모집하기로 했다. 이들은 모두 진행성 뇌종양 환자로 무작위로 결정되는 실험에 참여하게 됐다." [El-Jawahri A, et al. Use of video to facilitate end-of-life discussions with patients with cancer: a randomized controlled trial. *J Clin Oncol.* 2010;(28)2:305-10. doi: 10.1200/JCO.2009.24.7502. Epub 2009 Nov 30. Erratum in: *J Clin Oncol.* 2010 Mar 10;28(8):1438.]

134 Page

"우리 연구팀은 다음 조사를 위해 150명의 서로 다른 종류의 말기 암 환자를 모집했다." [Volandes AE, et al. Randomized controlled trial of a video decision support tool for cardiopulmonary resuscitation decision making in advanced cancer. *J Clin Oncol.* 2013;(31)3:380-6. doi: 10.1200/JCO.2012.43.9570. Epub 2012 Dec 10.]

135 Page

"지난 몇 년에 걸쳐, 우리 연구팀은 위와 같은 결과를 다수의 임상 시험을 통해서도 되풀이해서 발견했다."

지난 10년간 나는 환자와 가족들에게 보다 나은 정보를 주기 위해 비디오를 만드는 일뿐만 아니라 비디오가 의료적 의사 결정을 내리는 데 있어 환자와 의사 간의 대화를 얼마나 보충할 수 있는지 알아보기 위한 연구를 진행하는 데 내 커리어의 대부분을 할애했다. VIDEO 컨소시엄(The Video Image of Disease for Ethical Outcomes)은 전국의 의료기관에서 온 수많은 의사, 연구자, 환자 그리고 비디오 전문가들로 구성돼 있다. 우리 컨소시엄은 비디오를 활용해서 환자-의사 간의 대화를 보강할 경우의 효과에 대해 연구 시리즈로 자세히 출간한 바 있다. 연구 시리즈물을 통해 다양한 의료 환경(외래환자, 입원환자, 요양원 등)과 다양한 건강 상태(암, 알츠하이머 병, 심부전 등)의 환자들에게 비디오의 역할에 대해 고찰했다. 이 연구들을 통해 다음의 결과를 확인할 수 있었다.

1. 생애말기 케어에 관한 의사 결정을 하는 데 있어 교육 비디오를 활용한 환자들은 그렇지 못한 환자들에 비해서 자신이 내린 결정에 대해 더 많은 지식을 갖고 있다.

2. 교육 비디오를 시청한 후 자신의 결정에 대해 더 많은 지식을 갖게 된 중증

환자들은 임종기 케어로 주로 완화의료를 선호하는 경향이 있다.

3. 의료적 케어에 관한 교육 비디오를 시청한 환자들은 담당 의사와 〈대화〉를 가질 가능성이 더 높고 또한 생애 말기에 원치 않는 의료 케어를 피하려고 할 가능성이 높다.

4. 환자들은 대단히 편안하게 비디오를 관람했으며, 의료 목표와 관련된 의사 결정을 내려야 하는 다른 이들에게 교육 비디오를 강력히 추천하는 바이다.

다음은 간단한 참조를 위해 카테고리별 주요 연구와 연구에 대한 짧은 요약을 간추렸다. 본장 마지막에 논문별 인용을 자세히 소개했다. 최신 연구를 위해서는 우리 비영리재단의 웹사이트를 방문하면 된다(http://www.acpdecisions.org/evidence-publications/). 이 연구들을 후원해 준 많은 단체들에 감사를 표한다. 특히 다음의 단체들이 포함된다. 미국 국립보건원, 미국 보건의료 연구 및 질 관리 기구, 알츠하이머 학회, 그리고 IMDF(http://www.informedmedicaldecisions.org)가 있다. 연구 및 출간 내용은 전적으로 우리 연구팀의 책임이며 후원 단체들의 공식 입장이 아닐 수 있음을 밝히는 바이다.

심폐소생술 CPR (타라스와 릴리안을 생각해보라)

"Randomized controlled trial of a video decision support tool for cardiopulmonary resuscitation decision making in advanced cancer." *Journal of Clinical Oncology.* VIDEO Consortium.

본 무작위 통제 시험은 자신들의 담당 종양학 의사를 방문한 150명의 진행암 환자들을 대상으로 비디오의 효과를 연구했다. 환자 중 절반은 교육 비디오를 시청한 뒤 심폐소생술에 관한 의사 결정을 할 것을 주문받았고 나머지 절반은 비디오 시청 없이 표준화된 구두 상의 심폐소생술 설명 끝에 심폐소생술에 관한 의사 결정을 내릴 것을 요청받았다. 비디오를 본 환자들은 비디오를 보지 못한 환자들과 비교해서 심폐소생술을 희망하지 않는 경향을 보였다. 또한 비디오를 본 환자들은 심폐소생술에 대해 보다 정확한 지식을 갖고 있었다. 환자들은 대단히 편안하게 비디오를 시청했고 유사한 결정을 내려야 하는 다른 환자들에게 비디오를 강력하게 추천하겠다고 했다.

진행암(헬렌 톰슨 교수와 톰 캘러핸을 생각하라)

"Use of video to facilitate end-of-life discussions with patients with cancer: a randomized controlled trial." *Journal of Clinical Oncology*. VIDEO Consortium.

본 무작위 통제 시험은 진행성 뇌암 환자를 대상으로 치료의 목표와 관련한 전반적인 선호 사항을 다루는 혁신적인 접근법에 대해 평가했다. 환자 중 절반이 교육 비디오를 본 뒤 치료 목표를 정했고 나머지 절반은 비디오 없이 환자가 선택할 수 있는 옵션에 대한 표준화된 설명을 들은 뒤 결정을 내렸다. 모든 환자들은 생명 연장 치료, 제한적 치료, 그리고 완화의료 등 세 가지의 의료 처치 접근법 중 하나를 선택하도록 했다. 비디오를 보지 않은 환자 중 26%가 생명 연장 치료를 선택했고, 52%가 제한적 치료를 선택했으며 그리고 나머지 22%가 완화의료를 택했다. 비디오를 본 환자 중에는 0%가 생명 연장 치료를 선택했고, 8%가 제한적 치료를 선택했으며 남은 92%가 완화의료를 택했다. 환자들은 대단히 편안하게 비디오를 시청했고 모든 환자들이 빠짐없이 자신의 친구나 가족이 중병에 걸릴 경우 비디오를 추천하겠다고 밝혔다.

알츠하이머 병(노나 부르노를 생각하라)

"Video decision support tool for advance care planning in dementia: a randomized controlled trial." *British Medical Journal.* VIDEO Consortium.

본 무작위 통제 시험은 노인 환자들을 대상으로 한 것으로 본인들이 진행성 알츠하이머병에 걸릴 경우 어떤 가상적인 의료 결정을 내릴지와 관련하여 교육 비디오의 효과를 연구했다. 교육 비디오는 진행성 알츠하이머병을 앓는 노인 환자가 자신의 딸들과 교류하는 모습을 보여주는 내용이었다. 환자 중 절반은 비디오를 본 이후 본인들의 의료 케어에 관해 가상의 결정을 내렸고 나머지 절반은 비디오의 사용 없이 진행성 알츠하이머 병에 관한 구두상의 설명을 들은 뒤 결정을 내렸다. 진행성 알츠하이머병을 앓게 될 수 있다는 가능성 앞에서 교육 비디오를 시청한 노인 환자들은 비디오를 보지 못한 환자들과 비교해서 완화의료를 일차적인 치료 목표를 선택하는 모습을 보였다. 그 뿐만 아니라 비디오를 시청함으로써 알츠하이머 병에 관한 지식이 증대됨이 보고됐다. 환자 중 대다수는 무척 편안하게 비디오를 시청했으며 유사한 결정을 내려야 하는 다른 노인환자들에게 비디오를 강력히 추천하는 바이다.

입원환자
(타라스, 노나, 미겔, 헬렌, 일라이자, 톰 그리고 릴리안을 생각하라)

"A randomized controlled trial of a CPR video decision support tool for hospitalized patients." VIDEO consortium. (http://www.acpdecisions.org/evidence-publications/) Accessed June 14, 2014.

본 무작위 통제 시험은 병원에 입원한 150명의 중환자를 대상으로 비디오의 효과에 대해 연구했다. 환자들은 각각 진행성 암, 심부전, 간 질환 그리고 폐 질환 등을 포함한 각기 다른 종류의 진행성 질병을 앓고 있었다. 모든 환자들은 예후가 1년 미만의 생존 기간이 예상됐다. 환자 중 절반은 교육 비디오를 본 뒤 심폐소생술에 관한 결정을 내릴 것을 요청받았고 나머지 절반은 비디오를 보지 않고 심폐소생술에 관한 결정을 내릴 것을 요청받았다. 비디오를 본 환자들은 보지 못한 환자들에 비해 심폐소생술을 희망하지 않을 가능성이 컸고 심폐소생술에 대해 보다 정확한 지식을 갖고 있었으며 담당 의사와 자신들의 희망에 대해 보다 대화할 가능성이 컸다. 비디오를 시청한 환자들은 시청하지 못한 환자들에 비해 원치 않는 의료적 처치를 받을 가능성이 더 적었다. 다시 말해서, 비디오를 본 환자들은 비디오를 보지 못한 환자들에 비해서 원치 않는 치료를 받을 가능성이 더 적었다는 것이다. 환자들은 대단히 편안하게 비디오를 시청했고 유사한 결정을 내려야 하는 다른 환자들에게 비디오를 강력하게 추천하는 바이다.

비디오 컨소시엄(Video Consortium)의 출간 목록(날짜순)

1. Randomized controlled trial of a video decision support tool for cardiopulmonary resuscitation decision making in advanced cancer. Volandes AE, Paasche-Orlow MK, Mitchell SL, El-Jawahri A, Davis AD, Barry MJ, Hartshorn KL, Jackson VA, Gillick MR, Walker-Corkery ES, Chang Y, López L, Kemeny M, Bulone L, Mann E, Misra S, Peachey M, Abbo ED, Eichler AF, Epstein AS, Noy A, Levin TT, Temel JS. J Clin Oncol. 2013 Jan 20;31(3):380-6. doi: 10.1200/JCO.2012.43.9570. Epub 2012 Dec 10.

2. A randomized controlled trial of a cardiopulmonary resuscitation video

in advance care planning for progressive pancreas and hepatobiliary cancer patients. Epstein AS, Volandes AE, Chen LY, Gary KA, Li Y, Agre P, Levin TT, Reidy DL, Meng RD, Segal NH, Yu KH, Abou-Alfa GK, Janjigian YY, Kelsen DP, O'Reilly EM. J Palliat Med. 2013 Jun;16(6):623-31. doi: 10.1089/jpm.2012.0524. Epub 2013 Apr 22.

3. Augmenting communication and decision making in the intensive care unit with a cardiopulmonary resuscitation video decision support tool: a temporal intervention study. McCannon JB, O'Donnell WJ, Thompson BT, El-Jawahri A, Chang Y, Ananian L, Bajwa EK, Currier PF, Parikh M, Temel JS, Cooper Z, Wiener RS, Volandes AE. J Palliat Med. 2012 Dec;15(12):1382-7. doi: 10.1089/jpm.2012.0215. Epub 2012 Oct 25.

4. A randomized controlled trial of a goals-of-care video for elderly patients admitted to skilled nursing facilities. Volandes AE, Brandeis GH, Davis AD, Paasche-Orlow MK, Gillick MR, Chang Y, Walker-Corkery ES, Mann E, Mitchell SL. J Palliat Med. 2012 Jul;15(7):805-11. doi: 10.1089/jpm.2011.0505. Epub 2012 May 4.

5. Augmenting advance care planning in poor prognosis cancer with a video decision aid: a preintervention-postintervention study. Volandes AE, Levin TT, Slovin S, Carvajal RD, O'Reilly EM, Keohan ML, Theodoulou M, Dickler M, Gerecitano JF, Morris M, Epstein AS, Naka-Blackstone A, Walker-Corkery ES, Chang Y, Noy A. Cancer. 2012 Sep 1;118(17):4331-8. doi: 10.1002/cncr.27423. Epub 2012 Jan 17.

6. Audio-video decision support for patients: the documentary genré as a basis for decision aids. Volandes AE, Barry MJ, Wood F, Elwyn G. Health Expect. 2013 Sep;16(3):e80-8. doi: 10.1111/j.1369-7625.2011.00727.x. Epub 2011 Oct 28.

7. Assessing end-of-life preferences for advanced dementia in rural patients using an educational video: a randomized controlled trial. Volandes AE, Ferguson LA, Davis AD, Hull NC, Green MJ, Chang Y, Deep K, Paasche-Orlow MK. J Palliat Med. 2011 Feb;14(2):169-77. doi: 10.1089/jpm.2010.0299. Epub 2011 Jan 21.

8. "It helps me see with my heart": how video informs patients' rationale for decisions about future care in advanced dementia. Deep KS, Hunter A, Murphy K, Volandes A. Patient Educ Couns. 2010 Nov;81(2):229-34. doi: 10.1016/j.pec.2010.02.004. Epub 2010 Mar 2.

9. Use of video to facilitate end-of-life discussions with patients with cancer: a randomized controlled trial. El-Jawahri A, Podgurski LM, Eichler AF, Plotkin SR, Temel JS, Mitchell SL, Chang Y, Barry MJ, Volandes AE. J Clin Oncol. 2010 Jan 10;28(2):305-10. doi: 10.1200/JCO.2009.24.7502. Epub 2009 Nov 30. Erratum in: J Clin Oncol. 2010 Mar 10;28(8):1438.

10. Using video images to improve the accuracy of surrogate decision-making: a randomized controlled trial. Volandes AE, Mitchell SL, Gillick MR, Chang Y, Paasche-Orlow MK. J Am Med Dir Assoc. 2009 Oct;10(8):575-80. doi: 10.1016/j.jamda.2009.05.006. Epub 2009 Sep 3.

11. Improving decision making at the end of life with video images. Volandes

AE, Barry MJ, Chang Y, Paasche-Orlow MK. Med Decis Making. 2010 Jan-Feb;30(1):29-34. doi: 10.1177/0272989X09341587. Epub 2009 Aug 12.

12. Video decision support tool for advance care planning in dementia: randomised controlled trial. Volandes AE, Paasche-Orlow MK, Barry MJ, Gillick MR, Minaker KL, Chang Y, Cook EF, Abbo ED, El-Jawahri A, Mitchell SL. BMJ. 2009 May 28;338:b2159. doi: 10.1136/bmj.b2159.

13. Health literacy not race predicts end-of-life care preferences. Volandes AE, Gillick MR, Cook EF, Shaykevich S, Abbo ED, Paasche-Orlow M. J Palliat Med. 2008 Jun;11(5):754-62. doi: 10.1089/jpm.2007.0224.

14. Overcoming educational barriers for advance care planning in Latinos with video images. Volandes AE, Ariza M, Abbo ED, Paasche-Orlow M. J Palliat Med. 2008 Jun;11(5):700-6. doi: 10.1089/jpm.2007.0172.

15. Using video images of dementia in advance care planning. Volandes AE, Cook EF, Shaykevich S, Abbo ED, Gillick MR. Arch Intern Med. 2007 Apr 23;167(8):828-33.

135 Page

"환자들이 비디오를 활용할 경우 보다 나은 정보에 입각한 선택을 내리게 된다는 것이다. 그 이유는 환자들이 눈으로 직접 예상되는 의료적 처치와 그 과정을 확인할 수 있기 때문이다."

사람들에게 더 나은 정보를 제공하고 이해를 증진시키기 위해 동영상을 사용하는 일은 의료계에 국한된 것이 아니다. 멀티미디어 교육의 역할과 시각 보조 도구가 복잡한 개념을 이해하는 데 어떻게 도움이 되는지와 관련해서 또 하나의 새로운 분야가 개발되고 있다. 이 분야에서 무척 이해하기 쉬운 교재가 리처드 베이어Richard E. Bayer 가 쓴 《멀티미디어 러닝(Multimedia Learning)》(2009, Cambridge University Press)이다. 보다 자세하고 전문적인 내용은 동일 저자의 다음 책을 참조하라. [The Cambridge Handbook of *Multimedia Learning* (2005, Cambridge Handbooks in Psychology).]

138 Page

"2009년에는, 워싱턴 주의 50만 명 이상의 환자를 진료하는 의사와 병원 간의 의료 네트워크인 그룹헬스코퍼러티브Group Health Cooperative가 기존의 의료문화에 대대적인 변화를 시도했다. 정형외과, 심장학, 비뇨기과, 부인과, 유방암 그리고 척추 질환 등 6개 분야에 12개의 의사결정용 보조 동영상을 도입해서 실제 임상에서 의료 결정을 내리는 데 도움을 주고자 했다." [Arterburn D, et al. Introducing decision aids at Group Health was linked to sharply lower hip and knee surgery rates and costs. *Health Aff* (Millwood). 2012;(31)9:2094-104.]

139 Page

"의사들은 필요한 정보와 가장 최선의 처치가 무엇인지 잊지 않기 위해 항상 손만 뻗으면 닿을 곳에 체크리스트를 두고 이용한다."

체크리스트의 역할에 대해 더 알고 싶으면 다음을 참조하라. [Gawande A. The *Checklist Manifesto*, Holt: New York, 2011; Makary M. *Unaccountable: What Hospitals Won't Tell You and How Transparency Can Revolutionize Health Care*, Bloomsbury: New York, 2013; and, Pronovost P, and Vohr E. *Safe Patients, Smart Hospitals: How One Doctor's Checklist Can Help Us Change Health Care from the Inside Out*, Hudson Street Press: New York, 2011.]

139 Page

“예를 들어, 대부분의 중환자실에서는 의료진이 중심정맥관을 삽입할 때 지켜야 하는 소독 지침을 상기시키기 위해 체크리스트가 비치돼있다. 그리고 수술실에서도 안전 지침을 강화하고 의료진 사이의 커뮤니케이션과 팀워크를 증진시킬 목적으로 체크리스트를 활용하는 경우가 많다.” [Pronovost P, et al. An intervention to decrease catheter-related bloodstream infection in the ICU. *N Engl J Med.* 2006:355(26):2725-32.]

〈제6장〉

159 Page

“그리 오래되기 전, 흑색종 환자들이 릴리안과 같은 처지였는데 환자 중 두 사람이 최근 개발된 약 덕분에 몇 개월 더 생명을 연장할 수 있게 됐었다.” [Chapman PB, et al. Improved survival with vemurafenib in melanoma with BRAF V600E mutation. *N Engl J Med.* 2011;(364)26:2507-16. doi: 10.1056/NEJMoa1103782. Epub 2011 Jun 5.]

162 Page

“병원에서 소생술이 실시되는 동안 가족들이 옆에 있는 것은 더 이상 낯선 장면이 아니다.” [Jabre P, et al. Family presence during cardiopulmonary resuscitation. *N Engl J Med*. 2013;(11)368:1008-18. doi: 10.1056/NEJMoa1203366; Doyle CJ, et al. Family participation during resuscitation: an option. *Ann Emerg Med* 1987;(16):673-5; and, Mian P, et al. Impact of a multifaceted intervention on nurses’ and physicians’ attitudes and behaviors toward family presence during resuscitation. *Crit Care Nurse.* 2007;27(1):52-61.]

〈후기〉

171 Page

"이 같은 의견 교환을 촉진하고 개개인이 각자의 옵션에 대해 보다 잘 이해하게 하기 위해, 사람들에게는 담당 주치의와 간호사와 함께 비디오를 시청할 기회가 주어진다. "

하와이에 거주하는 140만 명 모두에게는 비디오를 시청할 기회와 함께 담당 의사와 〈대화〉할 기회가 주어진다. 비디오는 애초에 의도했던 대로 환자와 의료진 간의 대화를 증진시키는 것을 목적으로 하지, 결정적으로 중요한 환자와 의사간의 교류를 대신하는 것이 아니다.

172 Page

"이러한 기념비적인 노력의 목표는 이 문제를 둘러싼 문화를 변화시키고 환자들이 '중심에서, 주도권을 갖고 스스로의 웰빙을 책임질 수 있게 하는 것' 이다."

하와이 메디컬 서비스 어소시에이션(Hawaii Medical Service Association)의 비전 선언을 확인하라. [http://www.hmsa.com/about/ Accessed March 10, 2014.]

173 Page

"하와이에서 보스턴으로 돌아오는 길에 최신 연구보고서를 읽게 됐는데, 환자가 중심이 되어 직접 의료서비스를 선택할 수 있기까지 현재의 의료시스템이 얼마나 갈 길이 먼지 새삼 확인하게 됐다." [http://www.

acpdecisions.org/evidence-publications/Accessed June 14, 2014.]

174 Page

"심폐소생술이나 인공호흡기 그리고 영양관 삽입과 같은 침습적인 의료 처치가 환자의 동의 없이 실시된다면 마찬가지로 의료과실로 간주돼야만 한다."

환자들이 생전에 결코 원치 않았던 임종기 케어에 사전 동의의 원칙을 적용하는 것은 이제 의료계에 서서히 드러나고 있다. 생애 말기에 관한 환자의 희망을 무시하는 것은 다른 의료 문제와 다를 바 없이 취급돼야 한다. [Volandes A, et al. The new tools: what 21stcenturyeducationcanteachus.Healthcare.2013;(1):79-81;and,AllisonTA,SudoreRL.Disregardofpatients'preferencesisamedicalerror:commenton"Failuretoengagehospitalizedelderlypatientsandtheirfamiliesinadvancecareplanning."*JAMAInternMed.*2013;(173)9:787.Alsosee:InstituteofMedicine.ToErrIsHuman:BuildingaSaferHealthSystem,2000;InstituteofMedicine.PreventingMedicationErrors,2006;and,Wachter,R.UnderstandingPatientSafety,2012.]

174 Page

이것이 이루어질 때까지 나는 끝까지 최선을 다해 "질병을 다룰 때는 이 두 가지, 환자가 나아지게 하거나, 또는 환자에게 해를 끼치지 않기" 위해 노력할 것이다. [Hippocrates. *Epidemics.* Book II]

추가로 읽으면 좋은 책들

의학은 끝이 나지 않는 여정이다. 이제 막 입문하는 의과대학생에서 가장 연륜이 오래된 선배 의사들까지, 의사는 끊임없이 배운다. 이 같은 신조를 강화하기 위해 일부 병원에서는 모든 의사들이 – 수련생부터 가장 선임인 의사에 이르기까지 – 보통 의과대학생들이 입는 짧은 흰 가운을 입게 한다. 나이와 크기에 관계없이 의사들 모두가 같은 짧은 흰 가운을 착용한 모습이 외부인들에게 다소 이상하게 보일 수 있지만, 의사들에게는 여전히 너무도 많은 질병과 죽음 앞에서 겸허함이 중요하다는 강력한 메시지로 작용한다. 갓 일을 시작한 의사이건 조만간 은퇴를 바라보는 의사이건, 환자는 모두 각기 새로운 교과서와도 같고, 배울 수 있는 잠재적 기회이다.

새 환자가 예전의 것을 새로운 시각으로 바라보게 하듯, 책 또한 세월이 흐르면서 의학에 대한 개인의 이해에 영향을 미친다. 의과대학생 시절부터 읽어온 많은 책들이 삶에서 죽음의 역할을 이해하는 데 도움이 됐다. 내가 제일 처음 짧은 흰 가운을 입었던 때부터 읽었던 책들을 일부 소개하지 않는다면 나의 태만이 되겠다.

다음의 책들은 일부러 알파벳 순서를 따르지 않고 내가 읽었던 순서대로 소개했다.

Nuland, S. How We Die, Vintage: New York, 1994.

Katz, J. The Silent World of Doctor and Patient, Johns Hopkins University Press, 1984.

Aries, P. (translator Ranum, P). Western Attitudes Toward Death: From the Middles Ages to the Present (The Johns Hopkins Symposia in Comparative History), Johns Hopkins University Press, 1994.

Aries, P (translator Weaver, H). The Hour of Our Death: The Classic History of Western Attitudes Toward Death over the Last One Thousand Years, Vintage: New York, 1982.

Beauchamp, T.L., and Childress, J.F. Principles of Biomedical Ethics, Oxford University Press, 1994.

Kleinman, A. The Illness Narratives: Suffering, Healing and the Human Condition, Basic Books: New York, 1989.

Kubler-Ross, E. On Death and Dying, Scribner: New York, 1968.

Edson, M. Wit: A Play, Faber & Faber: New York, 1999.

Tolstoy, L. The Death of Ivan Ilyich, Bantam Classics: New York, 1981.

Sontag, S. Illness As Metaphor, Picador: New York, 1999.

Cassell, E. The Nature of Suffering and the Goals of Medicine, Oxford University Press, 2004.

Byock, I. Dying Well, Riverhead: New York, 1998.

Gillick, M. The Denial of Aging: Perpetual Youth, Eternal Life and Other Dangerous Fantasies, Harvard University Press: Cambridge, M.A., 2007.

Gillick, M. Choosing Medical Care in Old Age: What Kind, How Much, When to Stop, Harvard University Press: Cambridge, M.A., 1994.

Callahan, D. Setting Limits: Medical Goals in an Aging Society, HarperCollins: New York, 1995.

Annas, G.J. The Rights of Patients: The Basic ACLU Guide to Patient Rights, NYU Press: New York, 1992

Schneider, C.E. The Practice of Autonomy: Patients, Doctors and Medical Decisions, Oxford University Press, 1998.

Gaylin, W., and Jennings, B. The Perversion of Autonomy: Coercion and Constraints in a Liberal Society, Georgetown University Press, 2003.

Didion, J. The Year of Magical Thinking, Vintage: New York, 2007.

Mukherjee, S. The Emperor of All Maladies: A Biography of Cancer, Scribner: New York, 2010.

우리 앞에 생이 끝나갈 때 꼭 해야 하는 이야기들

지 은 이 안젤로 E. 볼란데스
옮 긴 이 박재영, 고주미

펴 낸 날 1판 1쇄 2016년 11월 21일
1판 3쇄 2021년 2월 5일

펴 낸 이 양경철
주 간 박재영
발 행 처 ㈜청년의사
발 행 인 이왕준
출판신고 제313-2003-305호(1999년 9월 13일)
주 소 (04074) 서울시 마포구 독막로 76-1 (상수동, 한주빌딩 4층)
전 화 02-3141-9326
팩 스 02-703-3916
전자우편 books@docdocdoc.co.kr
홈페이지 www.docbooks.co.kr

ISBN 987-89-91232-65-5 03100